Gisela Preuschoff
Wenn Kinder die Wut packt

W0187393

Gisela Preuschoff

Wenn Kinder die Wut packt

Wie Eltern sie verstehen
und helfen können

Herder
Freiburg · Basel · Wien

Gedruckt auf umweltfreundlichem,
chlorfrei gebleichtem Papier

Originalausgabe

Alle Rechte vorbehalten – Printed in Germany
© Verlag Herder Freiburg im Breisgau 1999
Herstellung: Freiburger Graphische Betriebe 1999
Umschlaggestaltung: Joseph Pölzelbauer
Umschlagmotiv: © Ulrich Niehoff
ISBN 3-451-26757-8

Inhalt

Manchmal hab ich Wut

Teil A ist mit verhaltener Wut im Bauch zu singen!

1. Manch-mal hab ich Wut, dann muß ich was ka-
putt-haun, dann muß ich was zer-tre - ten, dann
bin ich ganz ge-mein. Dann muß ich ei - nen
är-gern und krat-zen und knei-fen und dre-schen und schrein: Aaaah!
Manch-mal hab ich Wut, dann fühl ich mich al-
lein. Ich möch-te viel lie - ber freund-lich sein, doch ver-
su-chen hat gar kei-nen Zweck. Denn kei - ner hilft mir
ü - ber mei - ne Wut drü - ber weg. Denn

kei - ner hilft mir ü - ber mei - ne Wut.

drü - ber weg.

2. Manchmal hab ich Wut,
   denn alle sind so ungerecht
   und keiner kann mich leiden,
   und keiner mich verstehn.
   Dann find ich euch alle blöde und dämlich
   und will überhaupt keinen sehn: Bäääääh!
   Manchmal hab ich Wut,
   die will und will nicht gehn.

   Ich möchte viel lieber freundlich sein,
   doch versuchen hat gar keinen Zweck.
   Denn keiner hilft mir über meine
   Wut drüber weg.
   Denn keiner hilft mir über meine
   Wut drüber weg.

© Volker Ludwig/Birger Heymann,
Das GRIPS-Liederbuch, Alexander-Verlag Berlin 1999.

Wut – was ist das eigentlich?

„Das schlimmste aller Gefühle", sagen die einen. „Unglaubliche Stärke", denken die anderen. Denn es ist erstaunlich, wieviel Kräfte manch einem in seiner Wut zuwachsen. Daß Wut ein Gefühl ist, weiß wohl fast jeder. Aber Kinder zum Beispiel sind sich über ihre Gefühle zunächst überhaupt nicht im klaren. Die Gefühle wehen durch sie hindurch wie Wind durch einen Wald. Sie müssen erst lernen, sie zu benennen und zu beobachten.

Wir können Gefühle wie Farben beschreiben. Manche Gefühle fühlen sich hell und gelb an, andere dunkel, dumpf oder grell rot, wie zum Beispiel die Wut. Obwohl jeder Mensch auf individuelle Art fühlt, gibt es Übereinstimmungen. Und umgekehrt wirken auch Farben auf unsere Gefühle. Tatsächlich wird man in einem grellrot gestrichenen Raum leicht wütend und aggressiv.

Erst nach der Geburt können wir die Gefühle des Kindes wahrnehmen – aber schon im Mutterleib spürt das Baby starke Gefühle seiner Mutter. Über Hormone bekommt es die Stimmungslage direkt übertragen.

Bei Neugeborenen können wir rotgesichtige Wut, Angst, tränenreiche Trauer und gurrende Freude schon bald beobachten.

Kleine Kinder drücken ihre Gefühle spontan und direkt aus.

Erwachsene dagegen, insbesondere Männer, haben manchmal den Kontakt zu ihren Gefühlen verloren. „Ich fühle gar nichts", sagen sie dann. „Nichts" zu fühlen ist immer auch ein Schutz. Denn es gibt so heftige Gefühle, daß sie kaum auszuhalten sind. Denken wir nur an extreme Angst oder vernichtenden Zorn. Manche glauben auch, sie würden aus dem tiefen Loch der Trauer nie wieder herauskommen.

Wer seine Gefühle jedoch dauerhaft nicht fühlt, läuft langfristig Gefahr, auch den Kontakt zum Körper zu verlieren, denn jede Stimmung drückt sich im Körper aus. Sie spüren einen Druck im Kopf oder Magen, wenn Sie Angst haben. Sie zittern vielleicht oder werden blaß und steif. Bei Wut werden viele Menschen rot, reagieren sehr schnell körperlich mit beschleunigter Bewegung, verkrampfter Haltung, aufsteigender Hitze und mit kurzem, flachem Atem.

In der Literatur werden die Worte Gefühl und Emotion unterschiedlich gebraucht. Gefühl wird manchmal als Oberbegriff für Empfindungen **und** deren Ausdruck benutzt. Hin und wieder jedoch auch nur für die Empfindung, z. B. Druck in der Herzgegend und Emotion für den Ausbruch oder das Schreien bei Wut. In dem englischen Wort „emotion" steckt „motion", d. h. Bewegung, und das kann innerlich und äußerlich gemeint sein. Beides hängt ja zusammen. Ich möchte in diesem Buch das Wort Gefühl als Empfindung benutzen, die jeweils individuell wahrgenommen **und** zum Ausdruck gebracht wird.

Woody Allen sagt in einem Film: „Eines meiner Probleme ist, das ich immer alles verinnerliche. Ich kann meine Wut nicht zum Ausdruck bringen, statt dessen wächst mir ein Tumor."

Was genau jemand fühlt, kann man manchmal nur ahnen und durch Nachfrage erfahren. So kichern z. B. Kinder häufig, wenn sie nervös und ängstlich sind oder wenn sie von einer extremen Situation überwältigt zu werden drohen, z. B. bei Beerdigungen. Das kann zu vielen Mißverständnissen führen, wenn wir die kichernden Kinder als albern beschimpfen und nicht ihre Angst erkennen.

Wut zeigt sich bei Kindern meist sehr offensichtlich – aber schon ältere Jugendliche können gelernt haben, ihre Wut perfekt zu unterdrücken oder zu beherrschen. Das muß keineswegs immer gut sein – obwohl viele Erwachsene ein solches Verhalten vielleicht als „anständig" empfinden.

Wer Schwierigkeiten hat, eigene Gefühle wahrzunehmen, droht jedoch nicht nur den Kontakt zu seinem Körper zu verlieren, sondern auch gesundheitlich Schaden zu nehmen. Wer seine eigenen Gefühle nicht beachtet, wird auch andere Menschen mit ihren Gefühlen schlecht verstehen. Das kann z. B. für Männer, die eine Liebesbeziehung eingehen wollen, verhängnisvoll sein. Ein**fühlungs**vermögen ist ja eine Eigenschaft, die wir uns an unseren Partnern, von uns selbst und von unseren Kindern dringend wünschen!

Bedenken sollten wir auch, daß jedes Gefühl den Keim einer wertvollen Information in sich trägt, d. h. daß **uns jedes Gefühl etwas sagen will.**

So deutet Wut auf leidenschaftliche innere Beteiligung hin, auf Engagement und die Wahrnehmung von Verletzungen oder Grenzüberrschreitungen. Ein Mensch, der keine Wut empfindet, kommt uns vor wie jemand ohne Rückrat. Er läßt sich alles gefallen. **Wut ist die Kraft, für uns selber einzustehen,** Wut ist ein Antrieb zu Freiheit und Selbsterhaltung.

Wut von Mitmenschen sollte uns deshalb auch immer alarmieren: Achtung, dieser Mensch fühlt sich nicht wohl, er verteidigt seine Grenzen, er braucht Hilfe, wir müssen seine Bedürfnisse beachten!

Wenn Kinder immer wieder erfahren, daß ihre Wut nicht beachtet und ihre Grenzen nicht akzeptiert werden, resignieren sie eines Tages. Sie werden dann autoaggressiv, d. h., sie verletzen sich selbst, depressiv oder so brutal, daß einem angst und bange werden kann.

Oft geht der Wut ein Gefühl der Trauer voraus oder es folgt ihr. Ich bin traurig darüber, daß ich etwas nicht bekomme, was ich mir gewünscht habe. Die Wut verwandelt die Trauer dann in die Fähigkeit, für mich einzustehen, doch noch etwas zu erreichen. Gerade bei Kindern wird diese Trauer oft übersehen. Es fällt in unserer Gesellschaft nicht leicht, jemandem Trauer zuzugestehen.

Wie kann ich lernen, meine Gefühle wahrzunehmen, und was mache ich dann, wenn ich mein Gefühl spüre?

Eine sehr einfache Übung besteht darin, täglich mehrfach innezuhalten und sich selbst zu fragen: „Was fühle ich gerade?" Anschließend können Sie zu sich selbst sagen: „Ich atme ein und weiß, daß ich wütend (oder traurig oder glücklich oder zufrieden) bin, ich atme aus und weiß, daß ich wütend bin."

Auf diese Weise können wir jedes Gefühl wahrnehmen, ohne es abzuwerten oder verändern zu wollen oder uns selbst die Schuld dafür zu geben. Wir akzeptieren so unsere Wut und nehmen sie an, ohne sie zu bewerten. Das ist eigentlich schon alles.

Wir können unsere Gefühle wie das Wetter betrachten, das uns bei unserer Reise durch das Leben täglich in sehr unterschiedlicher Form begleitet. Ich wohne nahe am Meer, und das Wetter wechselt bei uns oft mehrmals täglich. Vor allem weiß man abends – trotz Wetterbericht – nie, wie das Wetter am nächsten Tag sein wird. Ähnliches kennen Sie vielleicht auch von sich selbst. Wenn Sie kleine Kinder haben, wissen Sie nie genau, wie die Nacht sein wird und in welchem Zustand Sie dann am nächsten Morgen erwachen. Haben Ihre Kinder ausnahmsweise einmal durchgeschlafen und Sie fühlen sich erfrischt und gut gelaunt, nehmen Sie das vielleicht gar nicht zur Kenntnis. Fängt Ihr Jüngstes aber schon morgens um fünf an zu schreien, können Sie leicht in Wut geraten. Die Wut als solche ist jedoch nicht das Problem. Wir versuchen ja auch nicht, den Regen abzuschaffen oder die Windrichtung zu ändern, sondern wir benutzen Regenjacken oder -schirme, Ohrenschützer und Mützen. Allein **das Verhalten,** das aus der Wut oder einem anderen Gefühl resultiert, kann problematisch werden. Zum Beispiel wenn wir anfangen, unsere Kinder anzuschreien, anstatt sie zu trösten und ihnen zu helfen.

Die Wut und jedes andere Gefühl kann kommen und gehen wie das Wetter – **unser Verhalten jedoch müssen wir voll und ganz verantworten.** Und wir können lernen, es zu verändern, wenn es uns nicht mehr gefällt oder sich als nicht sinnvoll erweist.

Die meisten Menschen mögen das Gefühl von Wut, Zorn und Ärger nicht. Bei Wut denkt man an Zerstörung, sinnloses Schreien, hektisches Herumlaufen, Kaputtmachen, Drauflosschlagen. Rot vor Wut kann man leicht werden oder blind vor Zorn. Die Realität verschwimmt, und das Gefühl nimmt uns ganz gefangen, ergreift uns, droht, uns aufzufressen. Wut hat mit Hilflosigkeit und Enttäuschung zu tun, mit Ohnmacht und Nicht-Wahrgenommen-Werden.

Jeder von uns kennt Gefühle wie Wut, Ärger und Zorn. Sie sind oft mit Aggression verbunden, jener Energie, die uns etwas in Angriff nehmen läßt, die uns ermuntert, körperlich nach außen zu reagieren, zuzuschlagen.

Wenn wir uns in dieses Gefühl hineinbegeben, werden wir schnell wieder zu dem kleinen Kind, das wir einmal waren. Sehr alte, kindliche Gefühle werden aktiviert.

Damals, als wir in unserem Bettchen brüllten, wußten wir noch wenig vom Leben ...

Als Erwachsene können wir wissen, daß Aggressionen nichts Negatives sind. Sie enthalten vielmehr eine Energie, die natürliche Stärke und Power ausdrückt und unseren Willen zeigt. In unserer Wut haben wir manchmal Kräfte wie ein Bär und Stärken wie ein Bulle. **Wir haben diese Gefühle alle, aber wir müssen sie nicht in verletzender Weise ausleben.** Als Erwachsene sind wir in der Lage, unseren Kindern vorzuleben, Wut, Ärger, Zorn und Aggression offen und fair auszutragen, ohne anderen dabei weh zu tun – auch nicht uns selbst.

16

Geht das denn? Werden Sie jetzt vielleicht fragen.

Ja, auch wenn viele von uns es vielleicht nicht gelernt haben.

> **Kinder brauchen Zeit und Raum, ihre Wut körperlich, laut und fair austragen zu lernen. Und sie brauchen Eltern, die ihnen das vormachen.**

Auf den folgenden Seiten werden Sie lesen, welche Möglichkeiten es gibt, Wut und Ärger loszuwerden und dennoch niemanden zu verletzen oder wehzutun, körperlich nicht und auch nicht seelisch.

Aggression –
die Kraft, etwas anzupacken

Das Wort Aggression kommt aus dem Lateinischen. „Aggreddi" meint, sich an einen anderen Ort begeben, an etwas herangehen, etwas in Angriff nehmen.

Es ist die Handlung oder Bewegung, die dem Gefühl der Wut oft folgt.

Aggression ist eine vitale Kraft, die uns Dinge „in Angriff" nehmen läßt und die dafür sorgt, daß wir für uns einstehen, unsere Grenzen wahren oder uns abgrenzen. Diese aggressive Kraft sorgt auch dafür, daß wir unsere Grenzen verteidigen und klar machen: Bis hierher und nicht weiter!

Wären wir nicht hin und wieder aggressiv, würden andere versucht sein, auf uns herumzutrampeln.

Aggression ist auch oft mit Feuer verglichen worden. Feuer wärmt und erhellt, kann aber auch zerstören und verletzen. Feuer ist lebensnotwendig, zumindest wenn man in kälteren Regionen lebt. Der Umgang mit Feuer – wie mit Aggression – erfordert Wissen und Übung.

Unsere Kinder beobachten sehr genau, wie wir mit eigenen Aggressionen umgehen, und sie ahmen uns nach. Stampfen wir mit dem Fuß auf, schreien wir oder schlagen wir mit den Türen? Es gibt in jeder Familie meist ungeschriebene und oft unausgesprochene Regeln darüber, was erlaubt und was verboten ist. Ich finde, daß es gesund ist, Aggressionen fair und offen auszuleben. Da kann es schon mal laut werden; verletzende Ausdrücke oder körperliche Angriffe sollten jedoch strikt verboten sein.

Kommen sie dennoch vor, müssen wir uns dafür entschuldigen und, wenn das immer wieder geschieht, uns Hilfe holen, um zu lernen, Aggressionen auf andere Weise auszuleben.

Ich kenne eine Familie, die in ihrer Küche einen Tisch mit Wachstuchdecke hat und eine Schüssel voll Ton, der unter einem feuchten Tuch bewahrt wird. Wenn die Stimmung schlecht ist, darf sich jeder einen Klumpen Ton nehmen und – wenn das nötig ist – seine Wut daran auslassen. Das ist ein Weg, Aggressionen loszuwerden. Andere Möglichkeiten beschreibe ich im nächsten Kapitel.

Neben der natürlichen Funktion der Aggression im Zusammenhang mit Grenzsetzung gibt es aber auch einen destruktiven Aspekt, den wir meist mit „Zerstörungswut" bezeichnen. Zerstörungswut kommt über uns, wenn wir das Gefühl haben, Grenzen zerschlagen zu müssen und wenn wir sehr viel Angst haben. Es ist sicherlich kein Zufall, daß Kinder und Jugendliche in heutiger Zeit extrem viel Angst haben und gleichzeitig viele so „zerstörungswütig" sind. Zerstörungswut hängt mit mangelndem Selbstwertgefühl zusammen. Denn wenn ich das Vertrauen habe, als Mensch verändernd eingreifen und etwas vollbringen zu können, zerstöre ich nicht, sondern verändere. Ohnmacht steht hinter der Zerstörungswut, und deshalb ist es so wichtig, Kindern ein gutes Selbstwertgefühl mit auf den Lebensweg zu geben. Sie müssen erfahren dürfen, daß sie die Macht haben, Dinge zu tun und Entscheidungen zu treffen, die der Welt dienen, daß sie gebraucht werden und genau ihre Fähigkeiten gefragt sind.

Wut und Aggression entstehen, wenn wir nicht wahrgenommen, mit unseren Bedürfnissen nicht ernst genommen werden. Es ist der Schrei nach Anerkennung meiner Person mit all ihrem Sosein.

Gewalt ist für mich immer an Macht gebunden. Das Wort kommt von dem althochdeutschen „waltan", das „herrschen" bedeutet.

Wenn Eltern ihr Kind schlagen, ist das Gewalt, denn das Kind kann sich nicht wehren. Wenn zwei Kinder einen festhalten und ein dritter schlägt drauf, dann ist das auch Gewalt.

Normalerweise sind Kinder zwar manchmal – und oft berechtigt – aggressiv, aber selten gewalttätig. Wir leben jedoch in einer Gesellschaft, in der es viel Gewalt gibt. Nicht nur im Fernsehen, sondern auch im Straßenverkehr oder im Wohnungs- und Schulbau. Gewalt kann von Gebäuden ausgehen, das kann jeder beobachten und nachfühlen.

Auch Sparmaßnahmen können Gewalt sein, wenn z. B. ein Jugendzentrum geschlossen wird, obwohl es gut angenommen wurde und eine Stätte der Zuflucht war. Oder wenn es in Städten und Dörfern zu wenig Spielplätze gibt.

Aggression und Gewalt werden leider oft verwechselt. Eine solche völlig verkürzte Sichtweise führt am Problem vorbei und fördert manchmal Gewalt, z. B. wenn wir ein aggressives Kind als gewalttätig beschimpfen und seine berechtigten, dahinterliegenden Bedürfnisse mißachten.

Kinder müssen erst lernen, mit ihren natürlichen Aggressionen umzugehen. Das, was als asoziales, aggressives Verhalten erscheint, kann manchmal sogar sozial gemeint sein. Hierzu möchte ich ein Beispiel von Jesper Juul anführen. (vgl. ders., S. 89)

Im Kindergarten war der dreieinhalbjährige Peter zum Problem geworden, weil er andere Kinder biß, wenn er frustriert war oder seinen Willen nicht bekam.

Die Eltern zeigten sich bereit, an einem Gespräch mit einem Familienberater teilzunehmen und berichteten, daß sie Peter, wenn sie nicht mehr weiter wußten, schon öfter den „Hosenboden versohlt" hatten. Peter war bei den Gesprächen dabei, was allein schon bewirkte, daß er weniger oft biß. Nach dem dritten Gespräch konnte sich keiner der Erwachsenen einen Grund für Peters Beißen vorstellen, und es fanden keine weiteren Gespräche statt.

Nach einigen Monaten nahm das Beißen wieder extrem zu. Neue Gespräche wurden vereinbart. Diesmal versuchte Peter die Gespräche zu stören, fragte, wann sie gehen würden, wollte nicht malen etc. Der Vater unternahm jetzt den Versuch, Peter zur Zusammenarbeit zu bewegen. Dabei verhielt er sich zunächst ruhig und flexibel, erhob dann plötzlich die Stimme und schrie: „Jetzt reicht's!" oder: „Nun gehorchst du, Peter!"

Als der Familienberater ihn darauf aufmerksam machte, erklärte der Vater schuldbewußt: „Ja, das ist bestimmt richtig. Lise (meine Frau) sagt auch immer, daß ich ihn wegbeiße!" Jetzt lachten alle, auch Peter, und das Verhalten war aufgeklärt, zumal ein Erzieher bestätigte, daß sich Peter im Kindergarten genau so verhalte: Nach einer kurzen verbalen Verhandlung biß er sofort zu.

Peters Mutter schlug dann vor, daß ihr Mann, anstatt „nach Peter zu beißen", sagen könnte: „Jetzt weiß ich nicht, was ich sagen soll. Ich brauche erstmal eine Denkpause." Die nächsten Wochen zeigten, daß dies sowohl für den Vater als auch für Peter eine gute Möglichkeit war, mit dem Problem umzugehen. Abschließend schreibt Jesper Juul zu diesem Fall: „Was kann wohl sozialer sein, als seiner Umgebung mitzuteilen, daß Zusammensein mit ihr weh tut und deshalb so umgestellt werden muß, daß sich alle wohlfühlen?"

Wenn Erwachsene anfangen, über aggressive, „asoziale" Kinder zu klagen, dann ist es an der Zeit, etwas zu tun. In erster Linie bei sich selbst.

Die eigene Wut –
wie man mit ihr umgehen kann

Wende dein Gesicht der Sonne zu,
dann fallen die Schatten hinter dich.

Aus Thailand

Gefühle kommen **und gehen.** Wir tun gut daran, unsere Gefühle zu beobachten und aus ihnen zu lernen. Unterdrücken, verleumden oder schlecht machen sollten wir sie nicht. Sinnvoll ist es, Zeit, Energie und Aufmerksamkeit auf konstruktive Handlungen zu richten, die unsere Lage verbessern. Solche hilfreichen Tätigkeiten möchte ich Ihnen jetzt vorstellen.

Tagebuch schreiben

Gerade wenn man kleine Kinder hat, mit denen man sich noch nicht unterhalten kann, ist es hilfreich, ein Tagebuch zu führen. Manche Tage vergehen mit dem Gefühl, „nichts" geschafft zu haben, und das kann einen schon sehr unzufrieden und vielleicht auch wütend machen. Wer ein Tagebuch führt und dabei auch seine Gefühle „von der Seele" schreibt, kann später nachlesen, wie genau der Tag verging und was einen beschäftigte. Auf diese Weise dokumentiert man auch, daß jedes Gefühl, ob angenehm oder unangenehm, einen Anfang und ein Ende hat. Ein bekannter Schriftsteller erhielt einmal von einer begeisterten Leserin folgendes

Kompliment: „Sie haben mich sehr inspiriert!" Er antwortete lakonisch:

„Keine Sorge, das geht vorüber."

Tief atmen

Bei heftigen Gefühlen verändert sich immer die Atmung. Wenn Sie bei Wut ganz bewußt tief ausatmen, so lange, bis keine Luft mehr kommt, entspannt sich Ihr Körper von selbst. Von Wilhelm Busch stammt das Verslein:

Bist du wütend, zähl bis vier.
Hilft das nicht, dann explodier!

Zusätzlich würden wir heute empfehlen: Bei jedem Zähler tief ausatmen.

Die Körperhaltung verändern

Jedes Gefühl wird im Körper gespeichert. Umgekehrt können wir mit Körperhaltungen auch Gefühle verändern. Bei Wut spannen wir uns an, ziehen uns krampfartig zusammen und neigen zu hektischen Bewegungen.

Stellen Sie sich statt dessen bewußt aufrecht locker hin. Wenn Sie Lust darauf haben, können Sie ein paarmal kräftig auf den Boden stampfen und mit den Armen in die Luft boxen. Danach lassen Sie die Arme los. Sie hängen locker neben dem Körper. Sie atmen ruhig und tief aus und ein. Führen Sie nach drei tiefen Atemzügen beim nächsten Einatmen die Arme über die Seiten nach oben,

24

richten Sie den Blick gen Himmel, und stellen sich auf die Zehen, und führen Sie ausatmend die Arme zurück in die Ausgangslage. Die Bewegung folgt immer dem Atem.

Wenn Sie die Übung ungefähr fünfmal durchgeführt haben, halten Sie inne und beobachten Ihren Körper, Ihre Gedanken und Gefühle. Sagen Sie sich, falls Sie immer noch wütend sind: „Ich atme ein und weiß, daß ich wütend bin, ich atme aus und weiß, daß ich wütend bin."

Wenn Sie sich ruhiger fühlen, können Sie im Stehen oder Sitzen noch eine kleine Meditation anfügen.

Regelmäßig meditieren

Sie können sitzen, liegen oder stehen. Wenn Sie liegen, empfiehlt sich die Rückenlage mit leicht gegrätschten Beinen. Sie heißt im Yoga Totenstellung.

Wählen Sie im Sitzen eine bequeme Haltung im Schneider- oder Fersensitz oder auch auf einem Stuhl, der Ihnen guten Kontakt zum Boden ermöglicht. Beide Füße sollen den Boden bequem berühren. Nehmen Sie wahr, wo Ihr Körper Kontakt zum Boden hat und wie er von der Erde getragen wird. Fangen Sie früher oder später an, auf Ihren Atem zu achten, wie er kommt und geht, ganz von allein. Wenn Sie Ihren Ärger noch deutlich spüren, sagen Sie sich bei jedem Atemzug: „Ich atme ein und spüre, daß ich ärgerlich bin, ich atme aus und spüre, daß ich ärgerlich bin." Fahren Sie so lange fort, bis Sie sich besser fühlen und tun Sie nichts anderes, als Ihr Gefühl zu beobachten.

Sprechen Sie sich später beim Einatmen die Silbe „So" und beim Ausatmen die Silbe „Ham" innerlich vor. „So-ham" bedeutet: ich bin.

Es empfiehlt sich, täglich mindestens zwanzig Minuten zu meditieren. Auf diese Weise lernen Sie nicht nur ihre Gefühle besser kennen. Sie werden sich auch körperlich besser fühlen und konzentrierter arbeiten können.

Den Ort des Geschehens verlassen

Wenn ich wütend bin, mache ich, wenn irgend möglich, einen langen Spaziergang oder gehe in den Garten. Zumindest sollten Sie den Raum verlassen, in dem Sie gerade wütend geworden sind. Wenn es keine bessere Möglichkeit gibt, können Sie sich im Bad einschließen und tief durchatmen. Wenn Sie sich dort ein Poster mit einer Landschaft oder einem Wasserfall, z. B. fotografiert von Sigurd Elert, aufhängen und dieses Bild anschauen, werden Sie sich bald besser fühlen. Sigurd Elert hatte sich zunächst mit der Zerstörung der Natur beschäftigt und viele aufrüttelnde Fotos von Atomkraftwerken und Mülldeponien gemacht. Dabei wurde er selber krank. Er heilte sich später selbst, indem er irgendwann begann, heilsame Plätze in der Natur aufzusuchen und dort meditativ zu verweilen. Seine wunderschönen Fotos hängen heute in vielen Krankenhäusern und Arztpraxen, weil ihre heilsame Ausstrahlung von vielen Menschen erfahren wurde. (s. Literaturverzeichnis)

Erwachsene und auch ältere Kinder reagieren bei Wut oft ganz spontan mit Ortswechsel.

Eben gerade fiel meiner elfjährigen Tochter ein, daß

sie ihre Skulptur vom Bleigießen zu Silvester in der Küche auf einem Regal liegengelassen hat. Das ist nun zwölf Tage her. Das bleierne Teil ist nicht mehr da. Wütend fing meine Tochter an, auf ihren (abwesenden) Vater zu schimpfen, weil sie ihn in Verdacht hatte, aufgeräumt zu haben. Ich bemerkte: „Wenn du sie in dein Zimmer genommen hättest, wäre das nicht passiert." Das war nicht besonders einfühlsam. Worauf meine Tochter wütend und weinend aus dem Raum stampfte.

Gefühle sind häufig auch an bestimmte Orte gebunden. Wenn Sie das Haus Ihrer Kindheit nach vielen Jahren wieder begehen, kommen sofort alte Gefühle hoch.

> **In einem Wald kann niemand lange wütend sein. Die Gelassenheit der Natur hat geradezu magische Kräfte. Erzieherinnen, die im Waldkindergarten arbeiten und mit ihren Kleinen täglich mehrere Stunden im Wald sind, berichten, daß selbst schwierigste Kinder im Wald tragbar sind.**

In Hochhäusern, in Kaufhäusern, auf der Autobahn und auf zubetonierten Flächen mit wenig Grün wird man viel schneller wütend als am Meer oder auf einer Wiese.

Wäre es nicht ein lohnendes Anliegen, für unsere Kinder und uns selbst viele solcher Plätze zu erhalten und neu zu schaffen?

Düfte beruhigen und entspannen

Im Sommer habe ich es gut. Wenn ich wütend bin, gehe ich einfach in meinen Garten und rieche an einer Rose. Bei ihrem Duft kann kein Mensch auf Dauer wütend bleiben. Liebende schenken sich Rosen, und wie keine andere Pflanze symbolisiert sie das Gefühlsleben der Menschen. Während die Blüte Schönheit, Reinheit und Liebe verkörpert, weisen uns die Dornen auf Verletzung und Schmerz hin. Beides gehört zusammen. Die Rose zeigt uns, daß wir lieben dürfen, aber uns auch schützen können – wie Dornröschen hinter der Hecke.

Nicht alle Rosen duften. Rosa damascena und Rosa gallica sind besonders gut duftende Rosenarten und lassen sich auch auf dem Balkon halten. Ich empfehle auch Kindergärten und Schulen, so einen Rosenstrauch zu pflanzen. Das reine ätherische Rosenöl ist sehr teuer, aber auch ungeheuer heilsam und schon für Babymassage zu empfehlen. Hierzu gibt man einen oder zwei Tropfen auf 100 ml Mandelöl.

An einem sonnigen Platz gedeiht auch die römische Kamille gut. Diese kleine Staude riecht wunderbar und beruhigt und besänftigt stark. Wer Platz hat, kann mit römischer Kamille einen ganzen Duftteppich anlegen und im Sommer mit Kindern die kleinen weißen Blüten zupfen und trocknen. In Kissen genäht, sind sie ein wunderbarer Trost bei Ärger und Enttäuschung und fördern ruhigen Schlaf.

Aus dem fernen Asien kommt Ylang-Ylang, ein ätherisches Öl, das stark beruhigt, die Atmung vertieft und die Herzfrequenz senkt. Die Blüten dieses tropischen

Baumes riechen sehr intensiv süß, ein Duft, den manche Kinder besonders mögen und der an traumhafte Südseenächte erinnert. Von diesem Duft bekommen manche allerdings auch Kopfschmerzen – wahrscheinlich, weil er den Blutdruck senkt.

> Ich empfehle, ein oder zwei Duftgläser einzurichten, auf die Kinder und Erwachsene nach Bedarf zurückgreifen dürfen. Hierzu nimmt man ein braunes Glas mit Schraubdeckel, z. B. von Joghurt, legt einen Wattebausch hinein und tröpfelt etwas ätherisches Öl darauf. Wer seine Wut loswerden will, nimmt ein paar kräftige Atemzüge.

Die Gedanken umlenken

Wenn wir wütend sind, denken wir immer wieder dieselben Gedanken. „So eine Gemeinheit! Dem werd' ich's zeigen!" etc. Wir steigern uns immer mehr in die schlechten Eigenschaften unseres Gegenüber hinein und wiederholen diese permanent. Wenn wir uns selber ganz bewußt ablenken und uns zwingen, die Gedanken und Bilder zu unterbrechen, ändert sich etwas.

Für Sondereinsätze geschulte Polizisten lernen zum Beispiel, Gewaltverbrecher durch paradoxe Interventionen von ihrem Vorhaben abzubringen. Stellen Sie sich einen heftigen Streit zwischen sich und Ihrem Sohn vor. Plötzlich kommt unverhofft eine hübsche junge Frau herein und sagt: „Hier ist die Pizza, die Sie bestellt haben!"

Die folgende Phantasiereise, die ich von Klaus Vopel in leicht veränderter Form übernommen habe, kann Ihnen ebenfalls helfen:

Wut ist ein unangenehmes Gefühl. Wir können sie mit einer heißen Flamme vergleichen, die unsere Selbstkontrolle manchmal verbrennt und uns dazu verführt, daß wir Dinge sagen oder tun, die wir später bereuen. Chronischer Ärger und Haß sind noch unangenehmer. Sie vergiften unseren Alltag und verhindern, daß wir uns glücklich fühlen. Denn die Grundlage für unser Glück sind Liebe und Mitgefühl.

Darum ist es sinnvoll, unserem Ärger Aufmerksamkeit zu schenken, wenn er entsteht. Wenn wir unsere Wut zur Kenntnis nehmen, dann tun wir etwas, was nicht selbstverständlich ist. Normalerweise konzentrieren wir unsere ganze Energie auf die Person, die uns ärgerlich oder wütend macht. Wir zählen innerlich alle schrecklichen Dinge auf, die uns an diesem Menschen stören. Und je mehr wir unsere Gedanken auf diese Person konzentrieren, je mehr wir sie ärgerlich betrachten, desto stärker lodert die Flamme der Wut in uns. Dabei ist es nicht entscheidend, ob diese Person tatsächlich jene wuterzeugenden Eigenschaften oder Verhaltensweisen hat oder ob wir uns das nur einbilden.

Der Kern des Problems ist die Wut selbst, und darum ist es gut, wenn wir uns von der Person abwenden und uns auf unsere Wut konzentrieren. Wenn wir wütend sind, dann erfüllt uns die Wut, und es ist nicht weise, sie zu unterdrücken oder wegzujagen. Wir können sie als Energie benutzen, die unsere Lebensqualität verbessert.

Dazu machen Sie es sich jetzt ganz bequem und schließen die Augen. Fangen Sie früher oder später an, auf den Atem zu achten, wie er kommt und geht, ganz von allein … Und nun stellen Sie sich eine große Leinwand vor. Sehen Sie sich selbst auf dieser Leinwand in einer Situation, in der Sie sehr wütend sind.

Bemerken Sie, daß sich Ihre Aufmerksamkeit ganz auf den Auslöser konzentriert, auf den Menschen, der Ihre Wut verursacht hat. Sehen Sie sich diesen Menschen genau an, und fragen Sie sich, ob Ihre Wut auch aus einer Quelle gespeist wird, die in der Vergangenheit liegt. Dieses Verständnis kann Ihnen vielleicht helfen, Ihre Wut zu verstehen, aber Sie können Sie damit noch nicht konstruktiv nutzen.

Darum können Sie jetzt mit einem zweiten Schritt experimentieren. Schauen Sie wieder auf die Leinwand, und lassen Sie die Person, die Ihre Wut ausgelöst hat, von der Leinwand verschwinden. Beobachten Sie statt dessen Ihre Wut.

Stellen Sie sich vor, daß sich Ihre Wut in ein schönes wildes Tier verwandelt, aber seien Sie auch bereit, ein weniger schönes Tier zu sehen. Betrachten Sie dieses Tier, sehen Sie, wie es sich bewegt. Sehen Sie seine Energie und beobachten Sie, was das Tier tut. Machen Sie sich klar, daß Sie einen Blick auf die pure Lebenskraft des Tieres werfen. Sehen Sie das Leben in dem Tier pulsieren, und lassen Sie sich von der Lebenskraft des Tieres anstecken. Spüren Sie etwas davon in Ihrem eigenen Körper ... Nun merken Sie sich das Bild des Tieres gut. Wenn Sie wollen, können Sie sich ein paar Minuten Zeit nehmen, um sich mit diesem Tier zu identifizieren, um sich wie dieses Tier zu bewegen.

Bewegen Sie sich so lange in der Art und Weise dieses Tieres, bis Sie sich angenehm erfrischt fühlen ... Schauen Sie noch einmal auf die Leinwand, und sehen Sie sich selbst mit einem starken Gefühl von Kraft und Zuversicht.

Und das nächste Mal, wenn Sie wieder wütend sind, dann wiederholen Sie alle diese Schritte.

Behalten Sie die Wut da, wo sie hingehört: als eines von vielen Gefühlen, das Ihre emotionale Kraft spiegelt, das Sie aber nicht beherrschen muß.

Und nun fangen Sie wieder an, Hände und Füße zu bewegen, sich ein wenig zu recken und zu strecken ... Öffnen Sie die Augen und seien Sie wieder hier, erfrischt und wach.

Humor ist ...

Mit Humor kommt man immer weiter. Eine sehr einfache Methode, in wütenden Stimmungslagen humorvoll zu sein, ist die Übertreibung.

In dem sehr witzigen Bilderbuch „Du hast angefangen! Nein du!" beschmeißen sich zwei Monster mit Steinen und beschimpfen sich dabei heftig. Die Ausdrücke, die sie benutzen, sind überaus komisch, und die

Kinder denen ich dieses Buch vorgelesen habe, kringelten sich vor Lachen. Schimpfwörter können einfallsreich und witzig sein wie „dreimal um den Kirchturm gewickelter Hühnerpopo" oder „lilagelbgetüpfelte Furzpflaume". Aus Spaß mit einem Augenzwinkern können wir auch allerlei komische Maßnahmen androhen wie „Wenn du das noch einmal tust, schneide ich dir die Hand ab und lege sie in Essig ein und servier sie dir zum Mittagessen." Ich betone: aus Spaß – dazu gehören humorvoll funkelnde Augen und ein witziger Unterton. Bedrohen darf man Kinder mit solchen Sätzen nicht!

Ein Meister im witzigen Beschreiben bedrohlicher und wuterzeugender Situationen ist Roald Dahl. Seine Kinderbücher beweisen, daß nichts so schrecklich ist, als daß man nicht darüber kichern könnte.

Wenn Ihr Mann immer zu spät kommt, fände er es bestimmt anregend, wenn Sie sich wie eine Cartoon-Figur mit Lockenwicklern und heruntergerollten Nylons hinter die Tür stellen und ihm mit einem Nudelholz drohen, anstatt wie üblich wütend zu schweigen oder zu nörgeln. Lachen wirkt therapeutisch, und viele Witzfilme beweisen, daß nichts so traurig ist, als daß man nicht darüber lachen könnte.

> Lachen baut im Körper Spannungen ab und ist deshalb – genau wie Weinen – ein Selbstheilungsmechanismus des Körpers, den wir täglich nutzen können.

Auf die Pauke hauen

In allen Naturvölkern spielen Trommeln eine große Rolle. Rhythmen wurden eingesetzt, um ausgelassene Stimmung zu verbreiten, Aggressionen und andere Gefühle auszudrücken, um Kraft zu schöpfen vor einem Angriff und um Hilfe aus der „anderen Welt" zu erbitten. Schamanen reisen zum Klang der Trommel in die geistige Welt und können dort ganz konkrete Hilfe erhalten, z. B. die Auskunft, welche Medizin ein Kranker benötigt oder welche Aufgabe als nächstes erfüllt werden muß. Westliche Wissenschaftler haben vielfach beobachtet, wie wirksam schamanische Techniken sind, und einige haben sie sogar erlernt. Bekannt ist auch, daß Naturvölker niemals so gewalttätig waren oder sind wie wir heute, selbst wenn es sich um „Menschenfresser" handelt. Neben der liebevollen und natürlichen Art, wie Kinder dort aufwachsen konnten, sind es sicherlich auch die praktizierten Bräuche und Feste gewesen, das Einordnen in die Rhythmen der Natur und das Trommeln und Tanzen, die Aggressionen auf ungefährliche Art freisetzen und verpuffen lassen.

Was heute jeder auch bei uns ausprobieren kann, ist die Wirkung von Rhythmen auf unseren Körper und unsere Gefühle. Wenn man Kinder, Jugendliche oder Erwachsene anleitet, bestimmte Rhythmen zu trommeln, erfahren sie oft ein tiefes Gefühl der Ausgeglichenheit und Freude. Auf einer Trommel, mit einem Rhythmus, kann man etwas loswerden, ohne anderen zu schaden.

Angemessenes Handeln

Wenn Sie sauer auf Ihren Sohn sind, weil er Ihnen drei schlechte Zensuren verschwiegen hat und jetzt von der Schule zu fliegen droht, hilft es Ihnen überhaupt nicht, wenn Sie schreien und toben. Sie dürfen wütend sein – aber bitte handeln Sie angemessen, z. B. indem Sie einen Nachhilfelehrer engagieren, sich täglich die Hausaufgaben anschauen, Gespräche mit seinen Lehrern führen, ihn mit Freundlichkeit motivieren etc.

Sind Sie wütend auf Ihre kleine Tochter, die nach dem dritten Tag noch immer nicht im Kindergarten bleiben will, handeln Sie angemessen. Entweder indem Sie sich einen Tag frei nehmen und bei Ihrer Tochter bleiben, ein Gespräch mit der Erzieherin führen, sich von der Kleinen erklären lassen, was genau das Problem ist, die Oma bitten, sich der Sache anzunehmen oder den Kindergarten wechseln.

Hat Ihre vierzehnjährige Tochter Sie mit einem Schimpfwort zu beleidigen versucht, erklären Sie Ihr, daß Sie in Zukunft für bestimmte Ausdrücke eine Mark vom Taschengeld abziehen oder eine Autofahrt verweigern oder eine schriftliche Erklärung verlangen, warum dieser Ausdruck angeblich auf Sie zutrifft.

Bewegung, die gut tut

Jedes Gefühl läßt sich durch Bewegung beeinflussen. Ich kann nicht traurig bleiben, wenn ich den Kopf hebe, die Arme gen Himmel strecke und die Handflächen dabei wie flatternde Vögel hin und her bewege.

Wenn ich zu meiner Lieblingsmusik tanze, schmilzt meine Wut dahin wie Schnee an der Frühlingssonne. Ich kann diese Methode nur wärmstens empfehlen. Wer zwei Kilometer joggt, kann nicht ärgerlich bleiben. Selbst ein Spaziergang tut schon Wunder, wenn er uns durch die Natur führt. Sind viele Kinder nicht auch deshalb so wütend und aggressiv, weil sie nicht genug Zeit und Raum für Bewegung haben? Rennen, rasen, schwimmen, radfahren, wild schaukeln, boxen, stampfen, springen, hüpfen sind Bewegungen, die gut tun und Wutgefühle verändern.

> **Wir können uns für diese Zwecke eine Wutecke einrichten, in der wir bei Bedarf auf Matratzen eintreten oder mit Kissen um uns schlagen. Ein Boxsack oder ein Schaumgummischläger erweisen uns manchmal auch einen guten Dienst.**

Das innere Kind heilen

In jedem von uns leben die Gefühle, die wir selber als Kind empfunden haben, weiter. Manchmal sind diese Gefühle verschüttet oder verschlossen. Ein Kind kann sich zum Beispiel ganz spontan riesig freuen, ist neugierig, wißbegierig, wütend oder traurig. Irgendwann hat dieses Kind vielleicht verlernt, diese Gefühle zu zeigen, weil seine Eltern das nicht mochten.

Wenn wir nicht wissen, wie sich unser „inneres Kind" fühlt, können diese Gefühle unkontrolliert zum Ausbruch kommen. Unser Gegenüber sagt dann z. B.:

„Ich verstehe gar nicht, warum du dich so aufregst!"
Wenn Sie erleben, daß ein Erwachsener unverständlich
heftig gefühlsmäßig reagiert, können Sie fast immer sicher sein, daß sich hier sein „inneres Kind" zu Wort
meldet, daß eine kindliche Verletzung noch nicht ver-
heilt ist.

Wenn wir uns regelmäßig mit unserem inneren Kind
beschäftigen, können wir mehr über uns als Erwachsene erfahren und eigenes Verhalten besser verstehen.
Wir werden dann auch nicht mehr aus „unerklärlichen
Gründen" von heftigen Gefühlen überspült, sondern
nehmen wahr, daß hier alte Verletzungen wieder auf-
reißen, die geheilt werden wollen.

Die Beschäftigung mit dem inneren Kind ist einfach
und sinnvoll. Sie benötigen etwa zwanzig Minuten un-
gestörte Zeit. Sie können diese Übung auch vor dem
Einschlafen oder nach dem Erwachen im Bett durchführen.

Nehmen Sie im Sitzen oder Liegen – eine entspannte
Haltung ein und fangen Sie an, auf den Atem zu achten. Gönnen Sie sich einige ruhige Atemzüge und
stellen Sie sich vor, daß die Zeit rückwärts läuft. Gehen Sie die Jahre zurück in Ihre Kindheit und
wählen Sie ein Alter aus, das Ihnen spontan als das
richtige erscheint. Vielleicht haben Sie ein Foto aus
dieser Zeit, das Sie vorher anschauen können. Stellen Sie sich nun vor, daß Sie, als der Erwachsene von
heute, das kleine Kind, das Sie damals waren, treffen. Sprechen Sie zu diesem Kind und teilen Sie ihm
mit, daß Sie es jetzt öfter besuchen wollen. Fragen

Sie, was das Kind von Ihnen wünscht. Möchte es spielen, spazieren gehen, in den Arm genommen werden, etwas vorgelesen bekommen oder ...? Lassen Sie sich von den Wünschen Ihres inneren Kindes überraschen. Möchte dieses Kind getröstet werden? Wie können Sie ihm in seiner Wut helfen? Gehen Sie im Geiste auf jeden Wunsch des Kindes ein und lassen Sie sich dafür Zeit. Verabschieden Sie sich dann wieder von diesem Kind, versprechen Sie ihm, bald wiederzukommen, und kehren Sie zurück in den Raum, indem Sie sich recken und strecken und wieder wach werden ... falls Sie nicht einschlafen wollen.

Wichtiger Hinweis: Erwachsene, die in ihrer Kindheit schreckliche Erfahrungen gemacht haben wie z. B. sexueller Mißbrauch, Gewalt, Mißhandlung, Hunger sollten diese Übung nur mit psychotherapeutischer Hilfe durchführen. Diese ist in jedem Fall sinnvoll, damit Sie auch im Umgang mit eigenen Kindern bewußt handeln können. Manchmal sind solche traumatischen Erfahrungen verdrängt und kommen erst durch diese Übung wieder ins Bewußtsein. Auch in diesem Fall wird es Ihrer ganzen Familie zugute kommen, wenn Sie psychotherapeutische Hilfe in Anspruch nehmen, um diese Erfahrungen zu heilen.

Die Bedeutung der Herkunftsfamilie

Für Eltern ist es sinnvoll, sich einmal darüber auszutauschen, wie es früher in ihrer Herkunftsfamilie war. Welche Gefühle waren erlaubt und erwünscht, welche nicht gern gesehen oder gar verboten? Durften Sie wütend sein? Wie fühlten Sie sich dabei? Wie genau haben Sie sich bei Wut verhalten? Wie haben Ihre Eltern reagiert, wenn Sie wütend waren? Wie haben Ihre Eltern Wut gezeigt?

Das, was wir in unserer Herkunftsfamilie erlebt haben, prägt uns viele Jahre. Jeder Mensch kann jedoch lernen, sich von alten Mustern zu befreien.

Maren kommt aus einer Familie mit fünf Kindern. Ihr Vater war Gärtner, ihre Mutter Altenpflegerin. Wenn Maren wütend war, reagierten ihre Eltern völlig entsetzt. „So etwas tut man nicht!" Maren war dann immer das „böse Kind", manchmal machte ihre Mutter das Fenster auf, damit „die Teufelchen" rausfliegen konnten. Sie hoffte, Maren dadurch von ihrer Wut zu befreien. Tatsächlich machte dieses Verhalten Maren nur noch wütender, denn aus ihrer Sicht hatte sie ja Grund, wütend zu sein und war nicht etwa von Teufelchen besessen. Nach und nach lernte Maren jedoch, ihre Wut zu unterdrücken und sie nicht offen zu zeigen.

Ihre Eltern machten ihr das vor. Es fiel nie ein lautes Wort, es wurde weder geschrien noch getobt noch geschlagen. Harmonie stand als Wert ganz oben. Maren wurde zum „braven Mädchen", das seinen Eltern in erster Linie Freude macht. Dadurch erhielt sie auch viel Zuwendung.

Rolfs Vater war Alkoholiker. Von Beruf Maurer, stritten sich Rolfs Vater und seine Mutter, die als Näherin arbeitete, täglich sehr heftig. Oft wurde Rolf geschlagen, täglich bekam er die Streitigkeiten der Eltern mit. Sie waren für ihn so normal wie das tägliche Brot. Als Jugendlicher lernte Rolf, zurückzuschreien, und eines Tages schlug er seinen Vater, als dieser ihn ohrfeigen wollte. Seitdem hat Rolfs Vater ihn nie wieder angefaßt. Rolf zog mit 18 von zu Hause aus und nahm sich vor, es später einmal ganz anders zu machen.

Mit dreiundzwanzig lernte er Maren kennen. Sie zogen bald zusammen. Zu ihren Eltern hatten sie wenig Kontakt, zum einen, weil sie weit entfernt wohnten, zum anderen, weil sie das auch genossen.

Als Maren einmal von einem Betriebsausflug später als verabredet zurückkam, bekam Rolf seinen ersten Wutanfall, er schrie und tobte genau wie sein Vater.

Maren erschrak heftig. So etwas war sie nicht gewohnt. Sie bekam auch Angst vor Rolf und dachte an Trennung. Später bereute Rolf sein Verhalten zutiefst und entschuldigte sich. Er haßte sich dafür, daß er sich wie sein Vater verhalten hatte.

In einer Gruppe für Paare lernten die beiden Jahre später, sich mit ihrer Herkunftsfamilie zu beschäftigen. Sie begriffen auf einmal, woher ihr Verhalten kam. Sie

hatten einfach nicht gelernt, mit Wut angemessen umzugehen. In der Gruppe konnten sie dies jetzt nachho-
len. Rolf trat später einem asiatischen Kampfsportver-
band bei, um körperlich fit zu bleiben und Energien in
sinnvolle Bahnen zu lenken. Er entwickelte Strategien,
die ihm halfen, mit seinen Gefühlen so umzugehen, daß
Maren nicht darunter litt.

Maren machte einen Selbstverteidigungskurs mit
und gewann dadurch an Selbstsicherheit und Stärke. Sie
verlor ihre Angst vor aggressiven Menschen.

Als drei Jahre später ihre kleine Tochter Mara geboren wurde, kam es zwar regelmäßig zu Streitigkeiten,
Rolf und Maren hatten jedoch gelernt, Konflikte zu lösen und mit ihrer jeweiligen Wut gut umzugehen. Oft
fingen sie beide an zu lachen, wenn sie sich angeschrien
hatten, und der Wutsack in ihrer Küche wurde häufig
genutzt.

Es ist sehr selten, daß Eltern in bezug auf Wut völlig
gleiche Ansichten und Verhaltensweisen haben. Wichtig ist zu wissen, daß das jeweilige Verhalten in der Herkunftsfamilie gelernt wurde und dort auch sinnvoll
war. Als Kinder sind wir gezwungen, uns den Eltern an-
zupassen und mit ihnen zu kooperieren. Sonst würden
wir kaum überleben.

Als Erwachsene Menschen können wir selbst entscheiden, wie wir uns verhalten wollen. **Jedes Verhalten
ist änderbar,** auch wenn das regelmäßiges Üben voraus-
setzt.

Kinder orientieren sich sehr stark an Vorbildern. Vater und Mutter sind das erste und wichtigste Vorbild,
deshalb müssen wir unseren Kindern das Verhalten vor-

leben, das wir uns selbst von ihnen wünschen. Das ist nicht einfach, denn es setzt voraus, daß wir uns selber beobachten und überprüfen. Immer wieder. Gleichzeitig ist das auch eine große Chance: Indem wir uns immer wieder in Frage stellen, lernen wir täglich dazu. Menschen ohne Kinder haben viel weniger Chancen auf diesem Gebiet, sie müssen Kurse belegen oder zu großen Meistern gehen. Eltern können ihre Kinder als Lehrmeister betrachten, und sie werden viel gewinnen, wenn sie bereit sind, diese Chance zu nutzen.

Tränen sind heilsam

Die hohen Frequenzen, in denen kleine Kinder weinen und schreien, sind für Erwachsene oft schwer zu ertragen. Das Geräusch ist extrem – aus gutem Grund, denn es ist ja die einzige Art, in der das Kind auf sich aufmerksam machen, Hilfe einfordern und überleben kann. Niemand anders als liebevolle Erwachsene sind in der Lage, dem Kind zu helfen, und es ist unsere Aufgabe, dies zu tun.

Interessant dabei ist, daß Tränen äußerst heilsam sind. Sie lindern Schmerz, entgiften den Körper und bauen seelischen Streß ab. Tränen heilen und helfen uns, zu entspannen. Das ist gerade bei Wut wichtig.

Ein Kind produziert am Tag doppelt soviel Tränen wie ein Erwachsener, das heißt, Tränen sind für Kinder ein bedeutsames Mittel der Kommunikation und der Selbstheilung. Sie wirken auf den Erwachsenen alarmierend und berührend, so daß er sich sofort bemüht, das Kind zufriedenzustellen, d. h. im wahrsten Sinne des Wortes „zu stillen".

Während Affenbabies die Brüste der Mutter immer zur Verfügung haben, muß sich das Menschenkind erst durch Schreien verständlich machen und weinend einfordern, was es braucht. Ab der sechsten Lebenswoche tut es das auch schon mit Tränen. Bei Neugeborenen bezieht sich das erste Weinen fast ausschließlich auf Hungergefühle oder körperliches Unwohlsein oder Schmerzen. Aletha J. Solter meint aber auch, daß Babys regelmäßig weinen, um sich von zurückliegenden Erlebnissen zu erholen und zu entspannen. Sie rät Eltern dringend zu, weinende Kinder zu halten, auch wenn sie nicht in der Lage sind, sie zu trösten. Mit zunehmendem Alter des Babys erkennen Eltern immer besser, warum es weint. Auf keinen Fall sollte man Weinen verbieten, abwerten oder zu unterdrücken versuchen!

Tränen, die Menschen aus Rührung, Wut oder Kummer vergießen, enthalten sogenannte Endorphine wie Leuzin-Enzephalin und die sogenannten Glückshormone ACTH und Prolaktin. Dieses Hormon ist auch für den Milchfluß der Frau verantwortlich. Je mehr Prolaktin im Körper vorhanden ist, um so größer die Neigung zu weinen. Prolaktin bildet sich vermehrt in der Schwangerschaft und natürlich während der Stillzeit. Vermutlich sind deshalb auch viele Mütter so „empfindlich" und „nahe am Wasser gebaut." Die Produktion von Prolaktin könnte ein natürlicher Mechanismus sein, um den Körper von Toxinen und Spannungen zu befreien, um damit das Ungeborene und später auch das Baby zu schützen.

Endorphine sind körpereigene Opiate, die schmerzlindernde und euphorisierende Wirkung haben. Auch Müttertränen sind daher heilsam und wichtig!

Väter sollten wissen, daß es auch für sie gesundheitsfördernd ist, Tränen zuzulassen. Es kann sogar vermutet werden, daß Männer deshalb mehr unter Spannungen leiden und früher sterben als Frauen, weil sie weniger weinen. Wenn wir unsere Tränen unterdrücken, machen wir uns anfällig für eine Vielzahl physischer und psychischer Probleme. Das sollte besonders im Umgang mit Jungen berücksichtigt werden. Kleine Jungen haben nicht nur weniger männliche Vorbilder als Mädchen weibliche. Väter sind ja bekanntlich häufig abwesend. Sie werden auch bis heute oft angehalten, nicht zu weinen. Und ihre Väter machen ihnen das vor. Sind sie nicht auch deshalb so häufig verhaltensauffällig und gestört?

Auf keinen Fall sollten wir Tränen unterdrücken, denn unterdrücktes Weinen kommt durch den Körper zum Ausdruck, z. B. durch Hautkrankheiten oder Magen-Darm-Probleme. Aletha J. Solter führt auch Untersuchungen aus den USA an, bei denen extrem gewalttätige und auch autistische Kinder ermutigt wurden, zu weinen und zu wüten. Allein hierdurch konnten bemerkenswerte Verbesserungen im Verhalten beobachtet werden.

Weinen ist ein „natürlicher Reperaturmechanismus" des Körpers, und er gehört zu unserer menschlichen Grundausstattung.

Selbstwertgefühl –
Was ist das, und warum ist es so wichtig?

Sich selber als wertvoll zu erleben und sich auch so zu fühlen, ist die Grundlage für Glück und Zufriedenheit. Wer sich glücklich und zufrieden fühlt, hat keine Lust, andere zu verletzen oder seine Wut an ihnen auszulassen. Es lohnt sich, einmal darüber nachzudenken, denn fast jedes Verbrechen, viele Krankheiten, Süchte, Depressionen und Versagensängste beruhen auf mangelndem Selbstwertgefühl.

Selbstwertgefühl haben heißt, sich geliebt und geachtet zu fühlen, **unabhängig** von Aussehen, Leistung oder Charakter. Ein Kind, das sich seines Wertes als Mensch bewußt ist, hat ein gutes Selbstwertgefühl. Sehr wenige Menschen empfinden heute so ein gutes Gefühl zu sich selbst. Menschen, die es im Leben „weit gebracht" haben, empfinden zwar manchmal Stolz auf ihre Leistung und Fähigkeiten, in ihrem Inneren nagt jedoch bei vielen ständig ein zerstörerischer Selbstzweifel: Bin ich wirklich gut genug? Bin ich überhaupt liebenswert? Bin ich nicht viel zu häßlich, unfähig, schlampig?" Manche Menschen haben zwar Vertrauen in ihre Fähigkeiten, fühlen sich aber erschreckend unperfekt, innerlich leer und irgendwie hoffnungslos.

Nun ist es sicherlich nicht verkehrt, sich ab und zu

einmal zu fragen: Habe ich das gut gemacht? Was könnte ich noch verbessern?

Wenn man jedoch höchst selten oder nie mit sich zufrieden ist, kann man nicht glücklich werden. Es fehlt einem die fürsorgliche, positive innere Stimme, die sagt: „Du schaffst das schon!" oder: „Du mußt nicht perfekt sein. Es ist gut, so wie du es machst." Oder: „Du darfst ruhig mal fünfe gerade sein lassen!" oder: „Du hast das Recht auf eine Pause!"

Als wir Kinder waren, haben unsere Eltern uns vorgelebt, wie wir zu sein haben. Geprägt von Krieg und Hunger, waren frühere Generationen oft sehr hart zu sich selbst und zu Kindern. Da wurde in der Regel wenig über Gefühle nachgedacht und hohe Maßstäbe gesetzt. Das Gefühl, als Mensch völlig in Ordnung zu sein, haben manche Menschen nie erlebt.

Heute können Therapeuten aller Richtungen bestätigen, daß fast jedes Leid, aber auch Gewalt, Drogenmißbrauch und Sucht meist aufgrund mangelnden Selbstwertgefühls entstehen.

Virginia Satir, eine amerikanische, sehr erfolgreiche Familientherapeutin, hat herausgefunden, daß Kinder, um bei ihren Eltern zu überleben, bestimmte Haltungen einnehmen. Sie nennt das **Überlebenshaltungen,** denn würden die Kinder sich bei diesen Eltern anders verhalten, bekämen sie Ablehnung und Strafen zu spüren, würden kaum seelisch überleben.

Die erste Haltung nennt sie „Beschwichtiger". Diese Kinder durften ihre Wut nie zeigen und mußten immer brav und angepaßt sein. Nur wenn sie ruhig, freundlich und bittend auftraten, zeigte man ihnen positive Gefühle. Der Beschwichtiger sagt häufig innerlich zu sich selbst: „Ich bin nicht in Ordnung, aber du bist in Ordnung." Ein „Beschwichtiger" nimmt, auch wenn er schon erwachsen ist, oft eine unterwürfige, bettelnde Körperhaltung ein, ist anderen ständig zu Diensten, paßt sich an und macht sich klein, um endlich geliebt zu werden und Beachtung geschenkt zu bekommen. Der Beschwichtiger verleugnet eigene Gefühle, um anderen zu gefallen. Er oder sie nimmt die Opferrolle ein – und lädt damit den Angreifer oder Ankläger geradezu ein.

Die zweite Haltung heißt „ Ankläger". Diese Kinder haben gelernt, daß es günstig ist, die Schuld auf andere zu schieben und dafür belohnt zu werden oder zumindest ungestraft davonzukommen. „Ich bin in Ordnung, du aber nicht!" Sie schreien und klagen laut und übernehmen nie die Verantwortung für sich selbst. Lautstark streiten sie ab, etwas gewesen zu sein, machen andere schlecht und kritisieren an ihnen herum. Die Körperhaltung des Anklägers ist mit einem ausgestrecktem Zeigefinger verbunden: „Nicht ich, der da ist es gewesen!" Ankläger sind sehr oft wütend und bekamen von ihren Eltern viel Wut zu spüren. In solchen Familien wird man nur wahrgenommen, wenn man laut und wütend ist. Andere Gefühle werden übersehen, überschrien oder herausgeprügelt. Menschen in der Anklägerhaltung sind sehr einsam und nicht besonders beliebt: Kein Wunder, wenn sie ständig etwas „zu meckern" haben! Ankläger sind immer auf Opfer angewiesen – und sie finden sie auch.

„Rationalisierer" sind Kinder, die früh lernen, sich „vernünftig" zu benehmen, „anständig" auszudrücken und klug zu reden. Nachdenken, problematisieren und besprechen steht in solchen Familien ganz oben. Gefühle sind eher unanständig und sollten nicht gezeigt werden. Die Atmosphäre in solchen Familien wirkt eher farblos. Albernheiten, Frechheiten, ausgelassenes Herumtoben und kindliches Verhalten oder gar Wutanfälle sind nicht gefragt. Heftige Gefühle lösen Ängste aus. Geliebt wird in solchen Familien nur, wer sich den oft ungeschriebenen Regeln des Verstandes unterwirft, wer alles kritisch durchdenkt und Vernunft walten läßt. Äußerlich wirken solche Familien oft perfekt, und es gelingt ihnen auch sehr viel. Natürlich sind die Kinder gut in der Schule. Körperlich wirken Rationalisierer oft eckig und steif. Gefühle sind ja mit Bewegung verbunden – und die dürfen Rationalisierer nicht zeigen.

„Ablenker" haben von klein auf gelernt, daß sich Erwachsene mit schönen Augen, Lächeln, Faxen, Geschichten, Witzen und einer perfekten „Show" gern ablenken und manipulieren lassen. Manchmal sind es lang ersehnte Wunschkinder oder Nachkömmlinge, die zu „Ablenkern" gemacht werden.

Die Eltern sind mächtig stolz auf ihr hübsches kleines Wesen und stellen es immer wieder in den Mittelpunkt mit kleinen Vorführungen und entsprechenden Belohnungen. Solche Kinder können nicht lernen, daß man auch Verantwortung übernehmen und Rücksicht üben muß. Denn sie schaffen es ja immer wieder, sich mit Clownerien Liebe zu ergattern und sich auf ihre Art durchzusetzen. „Ablenker" sind unruhige, oft sehr fähige Schauspieler, die ihre wahren Gefühle immer wieder unter einer Maske verbergen müssen, um geliebt zu werden. Das ist harte Arbeit! Als Erwachsene sind sie oft glänzende Unterhalter und daher oft sehr beliebt. Nur intimste Freunde erfahren, wie leer sie sich oft fühlen und wie anstrengend diese Überlebenstechnik ist.

Kongruent nennt Virginia Satir Menschen, die ihre echten Gefühle zeigen und mitteilen. Sie werden von ihren Eltern geliebt, ganz gleich, wie sie sich verhalten und ob sie nun wütend, traurig oder fröhlich sind. Sie lachen, wenn ihnen nach lachen zu Mute ist, und sie schreien, wenn sie wütend sind. Sie weinen, wenn etwas Trauriges passiert ist und hopsen vor Freude, wenn sie Glück gehabt haben.

Wer sich so verhält, wird seltener unter körperlichen Beschwerden leiden und es nicht nötig haben, andere Menschen anzuklagen, schlecht zu machen oder zu bedrohen. Wer mit sich selbst zufrieden ist, läßt andere in Frieden.

Als Eltern können wir viel für das Selbstwertgefühl unserer Kinder tun.

Und wir können auch täglich an unserem eigenen Selbstwertgefühl arbeiten, wenn wir als Kinder nicht so ideale Bedingungen vorfanden. Indem wir uns selber freundlich zureden, uns innerlich nicht übermäßig kritisieren und für uns selber sorgen, können wir uns selbst Achtung und Wertschätzung entgegenbringen. Wir können in uns selber eine freundliche Stimme installieren, die uns mehrmals am Tag sagt: „Immer mit der Ruhe! Du schaffst das schon! Du mußt nicht perfekt sein" etc.

Wenn diese Vorstellung schwierig für Sie ist, empfehle ich Ihnen, sich mehrere freundliche Sätze aufzuschreiben und in die Wohnung zu hängen, dorthin, wo Sie öfter hingucken. Es ist äußerst wichtig, sich selbst immer wieder gut zuzureden und aufzumuntern!

Denn nur wer sich selber mag, kann ja auch andere lieben und achten.

Manche Kinder erfahren schon im Mutterleib, daß sie unerwünscht sind. Ihre Eltern empfinden sie als ständige Belästigung und als Störenfriede. Eigentlich will man sie los sein – und das bekommen sie täglich zu spüren. Oft mit brutaler Gewalt.

Kinder, die so aufwachsen müssen, fühlen sich verwirrt und schlecht. Sie werden zuerst wütend, und später resignieren sie und werden dann oft gewalttätig, süchtig oder depressiv. Ich habe lange im Kinderheim als Therapeutin gearbeitet und viele solcher Kinder kennengelernt. Nur selten gelingt es, ihr Selbstwertgefühl zu stabilisieren, und viele geraten als Jugendliche auf die „schiefe Bahn", weil sie nur dort vorübergehend das Gefühl haben, etwas vollbringen zu können. Wenn ich einen anderen zu Boden schlage, kann ich kurzfristig triumphieren und mein Gefühl der Stärke genießen. Langfristig stellt sich jedoch bald wieder Leere und Verwirrung ein. Denn Voraussetzung für unser Glück sind Liebe und Mitgefühl. Wer dies als Kind nicht erleben konnte, wird es schwer haben, sich liebevoll zu verhalten. Es ist schade und für das menschliche Zusammenleben verhängnisvoll, wenn die stummen Hilfeschreie solcher Kinder übersehen werden. In der Regel lernen sie in Kindergärten und Schulen auch nur Strafen und

Ausgrenzungen kennen, und so setzt sich das Gefühl, wertlos und ungeliebt zu sein, immer weiter fort. Im Kindergartenalter kann vielen dieser Kinder noch geholfen werden, nur fehlt es leider viel zu häufig an Geld, Unterstützung und Fachpersonal. Würde man diesen Kindern zuverlässige Erwachsene an die Seite stellen, die ihr Selbstwertgefühl systematisch stärken und ihnen zeigen, wie man Konflikte konstruktiv löst, könnte langfristig viel Geld für Heime, Strafanstalten und Gefängnisse gespart werden.

Wir würden uns auch alle besser fühlen, weil es weniger Gewalt gäbe.

Daniel Goleman berichtet in seinem Buch „Emotionale Intelligenz" von einem erfolgreichen Förderprogramm mit „wuterfüllten Unruhestiftern im Grundschulalter". Sie bekamen sechs bis zwölf Wochen lang zweimal wöchentlich Schulungssitzungen von jeweils 40 Minuten Dauer. Man brachte den Kindern bei, sich in andere hineinzuversetzen und zu üben, eigene Gefühle zu beobachten und nicht gleich loszuschlagen. „Drei Jahre nach der Schulung verglich Goleman (der Psychologe) diese Jungen mit anderen, die genauso aggressiv gewesen, aber nicht in den Genuß der Schulung gekommen waren. Die Jungen, die das Programm absolviert hatten, waren in der Adoleszenz weniger störend im Unterricht, hatten mehr positive Selbstgefühle und neigten weniger zum Trinken oder zum Drogenkonsum" (vgl. Goleman S. 301).

Wir zeigen einem Baby, daß wir es lieben, wenn wir auch sein Geschrei aushalten und es liebevoll in den Arm nehmen. Zärtlicher Körperkontakt, Lächeln, Auf-

merksamkeit und freundliche Worte helfen schon ganz
kleinen Kindern, dieses wunderbare Gefühl „Ich werde
geliebt" zu erfahren. Bei größeren Kindern ist Beachtung und Würdigung eine einfache Methode, das kindliche Selbstwertgefühl zu stärken. Wenn ein dreijähriges
Kind auf der Rutsche steht und seinem Papa zuschreit:
„Schau, was ich kann!" dann möchte es einfach gesehen
werden. Es reicht, wenn wir ihm aufmunternd zu-
lächeln oder „Ja, toll!" rufen. Es ist nicht immer sinnvoll, die Leistung zu loben, denn leicht kann das Gefühl
aufkommen: „Nur wenn ich etwas leiste, bin ich geliebt." So dürfen wir uns natürlich durchaus über Erfolge unserer Kinder freuen. Bemerkungen wie „Konntest du das nicht besser?" oder „Deine Schwester in
deinem Alter konnte längst radfahren", oder „Endlich
hast du mal eine sehr gute Note mit nach Hause gebracht" kratzen das Selbstwertgefühl an und können
dazu führen, daß sich unsere Kinder schlecht und un-
zulänglich fühlen. Dadurch sinken dann auch die Leistungen, und Selbstzweifel verderben die Stimmung.
Oft bemühen sich solche Kinder verzweifelt um beste
Erfolge und sind doch immer nur mittelmäßig und zutiefst frustriert. Sie strampeln sich für ihre Eltern ab
und werden immer unglücklicher, weil sie erleben, daß
sie nie gut genug und schon gar nicht perfekt sind.

Manchmal gibt es auch das Gegenteil: Ein Kind wird
geradezu vergöttert und alles, was es tut, überschweng-
lich gelobt. So ein Kind muß sich dann gar nicht mehr
anstrengen, und es kann nicht erleben, daß es durch eigenes Bemühen zum Erfolg kommt. Die Alternative ist
nun keineswegs, ein Kind abzuwerten, indem man sagt:
„Dieses Bild gefällt mir nicht. Du hast es einfach nur

hingeschmiert." Das wäre schädlich für sein Selbstwertgefühl. Wenn wir aber nur zwei schnell gemalte Striche auf dem Blatt sehen, können wir sagen: „Fehlt da nicht noch was?" oder „Heute hattest du wohl keine Lust?" oder „Mit dieser Hausaufgabe wolltest du wohl schnell fertig werden?"

Wir können heute oft beobachten, daß Kinder sehr früh und sehr schnell verglichen und bewertet werden, und das tut ihnen überhaupt nicht gut. Nicht die Leistung ist entscheidend, sondern die Freude und Begeisterung, mit der sie ausgeführt wird! Diese Freude und Begeisterung sind es auch, die zu mehr Leistung anregen. Glückliche und zufriedene Kinder werden nur dann bewertet, wenn es unbedingt notwendig ist. Statt dessen werden sie gewürdigt und beachtet, **indem man ihr Tun begleitet und ihnen Aufmerksamkeit schenkt.**

Wenn ein Geschwisterkind geboren wird, kann das Selbstwertgefühl des ersten Kindes erheblich ins Wanken geraten. Wenn die Eltern sich plötzlich nur noch um das Baby kümmern, fühlt sich das ältere Kind oft unbeachtet und ungeliebt. Aus dieser Haltung entsteht viel Wut und Aggression, die Eltern manchmal nicht gleich verstehen.

Wenn sie dann das ältere Kind bestrafen, leidet sein Selbstwertgefühl noch einmal, und Leistungsversagen, Trotzreaktionen und heftige Zornattacken können die Folge sein. So beißt sich die Katze in den Schwanz. Durchschauen Eltern jedoch, welche Gefühle hinter der Aggression stehen, werden sie dem Selbstwertgefühl gerade dieses Kindes ganz bewußt Unterstützung geben. Wenn sie sich diesem Kind gezielt zuwenden, es zärtlich berühren, in den Arm nehmen und unterstützen, ändert sich die Lage oft schon bald. Besonders wirksam ist, wenn sich ein Elternteil gezielt mit diesem Kind beschäftigt und auch mal etwas ganz allein mit ihm unternimmt. Das muß gar nichts Großartiges und Teures sein: Zelten unterm Sternenhimmel, ein langer, geruhsamer Spaziergang im Wald oder ein Schwimmbadbesuch können zu unvergeßlichen Erlebnissen werden, die dem Kind das Gefühl geben: Mein Vater liebt mich.

Paten, Großeltern und Freunde können da helfen, wo „Not am Mann" ist. Allerdings muß ein Kind die Liebe in erster Linie von seinen Eltern spüren, wenn es sich verletzt fühlt und Zweifel an seinem Wert hat. Sie sind einfach die wichtigsten Personen!

Bedenken sollten Eltern auch, daß Worte allein nicht besonders aussagekräftig sind. Ein dahingesagtes „Ich liebe dich" kommt beim Kind nicht an. Es muß **fühlen,** daß diese Worte eine Basis haben, daß Verläßlichkeit dahintersteht und daß sie mit realem, angenehmen Erleben in Zusammenhang stehen.

Im Zusammenleben glauben wir oft: „Ich habe das doch gesagt, also muß ich doch auch verstanden worden sein!" Das Gegenteil ist der Fall! Jede Aussage kann mißverstanden werden, und oft reden wir tatsächlich „aneinander vorbei".

Mit Kindern richtig reden

Wenn Sie zu einem kleinen Kind von wenigen Monaten „Ich liebe dich!" sagen, dann bedeutet das dem Kind zunächst gar nichts. Sie könnten genausogut mit freundlicher Stimme „Ich hasse dich" sagen, denn das Kind hört nur den Klang und versteht die Worte noch nicht in ihrer Bedeutung. Es hört die Stimmlage, nimmt die dahinterstehenden Gefühle und Energien intuitiv wahr, registriert Gestik, Mimik und Körperhaltung.

Das Gefühl, geliebt zu sein, entsteht niemals durch Worte, sondern durch eine sanfte Stimme, durch zärtliche Berührung, Lächeln, Körperkontakt, Getragenwerden, Gehaltensein. Der kleine Mensch lernt zuerst über Körper und Sinne.

Später, wenn das Kind gelernt hat, erste Worte zu verstehen, sind der Gesichtsausdruck, die Tonlage und die in der Körperhaltung zum Ausdruck gebrachten Gefühle viel bedeutsamer als die Worte selbst.

Auf Kommunikationsseminaren wird oft ein einfacher, eindrucksvoller Versuch gemacht: Die Erwachsenen oder Jugendlichen stehen sich in zwei Reihen gegenüber. Die eine Reihe sagt dem Gegenüber jeweils nacheinander „ja", die andere antwortet mit „nein". Sie werden dann bald feststellen, daß ein Ja wie „nein" klingen kann und ein Nein wie „ja".

Für Kinder, die anfangen, ihre Gefühle in Worte zu fassen, ist es absolut notwendig, daß Erwachsene ihnen klare Vorgaben machen, d. h. eindeutig kommunizieren. Wer in barschem Ton „Ich liebe dich" sagt und dazu körperliche Abwehr demonstriert, kann einen Menschen, besonders aber ein Kind, zutiefst verwirren und bis in den Wahnsinn treiben.

Es ist wohltuend für Kinder, wenn ein „Ja!" nicht nur ein Wort ist, sondern eine innere Einstellung, etwas, hinter dem ein ganzer Mensch steht. Nicht anders ist es mit dem Nein!

Jeder, der Kinder hat, weiß, wie empfänglich Kinder für unsere inneren Zweifel sind und wie schnell sie herausfinden, daß es sich lohnt, ein wackliges und mit wenig Überzeugung gesprochenes Nein noch einmal in Frage zu stellen.

In glücklichen Familien werden Zweifel offen ausgesprochen, genauso wie es viel Klarheit darüber gibt, was erlaubt und was verboten ist.

Kinder, die mit einem guten Selbstwertgefühl aufwachsen, sollten früh lernen, **von sich selbst zu sprechen,** also in der Ich-Form, anstatt andere zu beschuldigen. Die Voraussetzung hierfür ist, daß Eltern das vormachen. Auch wenn diese Regel nicht einfach ist, nützlich ist sie in jedem Fall, auch für das Leben außerhalb der Familie.

Angewöhnen sollten sich Eltern auch, **auf Verallgemeinerungen zu verzichten** und statt dessen ganz konkrete Fälle ansprechen. „Nie hörst du mir zu!" gibt dem Gegenüber keine Chance, besser zuzuhören. „Eben hatte ich das Gefühl, daß du mir gar nicht zuhörst!" ist dagegen eine sinnvolle Aussage, mit der Kinder und Erwachsene etwas anfangen können.

Erstaunlich ist, wieviel man von seinem Gegenüber erfährt, wenn man einmal spielerisch dessen **Körperhaltung** einnimmt. Wenn Sie sich so hinlümmeln wie ihr vierzehnjähriger Sohn, bekommen sie viel von seinen Gefühlen mit. Auch die Verzweiflung eines Dreijährigen, der heute nun doch nicht auf den Spielplatz darf, wird auf diese Weise nachvollziehbar. Wenn Sie für kurze Zeit die Körperhaltung Ihres Gegenübers einnehmen, verstehen Sie diesen Menschen besser – und erstaunlicherweise fühlt er sich auch besser verstanden.

Wenn wir wütend sind, rutschen uns Erwachsenen und erst recht Kindern und Jugendlichen manchmal Ausdrücke und Bemerkungen heraus, die wir später bereuen. In solchen Fällen sollte man sich unbedingt **entschuldigen**. Wir geben damit unseren Kindern ein Beispiel, das lebenslang wirkt.

Es lohnt sich, auch einmal darauf zu achten, wie ganz kleine Bemerkungen wirken. Thomas Gordon spricht in diesem Zusammenhang von **„Türöffnern"**: „Hmm", „Interessant", „Deine Meinung würde mich interessieren" sind Aussagen, die nicht bewerten und damit unser Gegenüber anregen, weiter zu reden und sich auszulassen. Ein Kind kann schnell in Wut geraten, wenn wir seinen Redefluß gleich mit Beurteilungen wie „Wie konntest du nur!" oder: „Das hättest du doch wissen müssen!" abqualifizieren. Und übrigens: Jedem Erwachsenen würde es genauso gehen! Bewertungen sollten wir nur aussprechen, wenn wir ausdrücklich darum gebeten werden. Abwertungen helfen niemals weiter!

„Wie oft soll ich dir noch sagen …!" oder „Immer du!" sind Redewendungen, die jedes Gespräch blockieren und keine positive Veränderung bewirken. So erzeugen wir nur Wut, die in diesem Fall nicht weiterbringt. Wir sollten diese Formulierungen einfach aus unserem Vokabular streichen.

Es kann in Familien sogar Spaß machen, **einmal den Alltagswortschatz zu überprüfen** und sich selber zu beobachten. Ich habe festgestellt, daß wir alle sehr davon profitieren, unsere Sprache mit etwas Sorgfalt zu behandeln und dem täglichen Miteinander mehr Beachtung zu schenken.

Wie fühlt sich wohl ein Kind, dessen Eltern sich umarmen und „meine geliebte Frau" oder „mein geliebter Mann" sagen? Warum nicht mehrmals am Tag ein Kompliment machen?

Der Hamburger Professor Schulz von Thun hat ein Modell entwickelt, das uns hilft, Kommunikation besser zu verstehen.

Wie jeder schon einmal erfahren hat, können wir nicht „nicht kommunizieren". Befinden sich zwei Menschen im gleichen Raum, findet Kommunikation statt!

Wenn Sie beim Frühstück die Zeitung lesen, signalisieren Sie Ihrem Kind schweigend: „Du interessierst mich jetzt weniger."

Jede „Nachricht" oder „Botschaft", die nun ein Mensch von sich gibt, hat **vier Ebenen,** und das wird im Alltag verhängnisvoller Weise oft übersehen. Nehmen wir einmal an, ein Vater sagt: „Es ist sieben Uhr morgens." Diese „Botschaft" enthält zunächst eine **Sachebene,** nämlich die Information, wie spät es ist. Sie enthält jedoch auch einen **Appell,** von dem wir nicht eindeutig wissen können, welcher es ist. Vielleicht hören wir es am Tonfall, vielleicht aber auch nicht.

Möglich wäre: „Beeil dich, es ist schon spät!" aber auch: „Viel zu früh! Laß mich in Ruhe!" Wir merken deutlich, daß es hier auch um eine **Beziehung** geht. Auf der Beziehungsebene schwingt mit: „Was willst du um diese Uhrzeit von mir?" oder: „Muß ich dich ständig an die Uhrzeit ermahnen?" Ganz sicher hören wir auch etwas über den Sender der Nachricht selbst. Die vierte Ebene ist die der **„Selbstoffenbarung".** Diese könnte lauten: „Ich habe jetzt noch keine Lust!" oder: „Ich habe es eilig!" oder: „Ich bin wohl hier der einzige, der die Uhr kennt". Eine Ebene hören wir meist deutlich heraus, die anderen können wir oft nur ahnen und auf uns gewohnte Weise interpretieren. Das führt dann oft zu Mißverständnissen: **So** habe ich das doch gar nicht gemeint!

Auch wenn jemand schweigt, hat dieses Schweigen auf den vier genannten Ebenen Bedeutung. Auf der Sachebene heißt es: „Ich rede nicht."

Auf der Beziehungsebene kann es vielerlei aussagen: „Mit **dir** rede ich nicht mehr!" Oder: **„Du** hast mich verletzt!" oder: „Deine Aussage hat mich sprachlos gemacht." Oder: „Dir habe ich nichts mehr zu sagen."

Auf der Appellebene kann es heißen: „Bring mich wieder zum Reden!" oder: „Laß mich in Ruhe!" oder: „Hau ab!" Auf der Ebene der Selbstoffenbarung:

„Ich schweige gern!" oder: „Ich lasse dich jetzt auflaufen!" oder: „Ich mag nicht mit dir reden!" oder: „Ich bin verletzt!"

Das ist verwirrend, nicht wahr?

Mein Mann hat zum Beispiel eine Mutter gehabt, die manchmal tagelang nicht mit ihm sprach. Das war eine

Strafe. Wenn ich heute manchmal schweige, denkt mein Mann unwillkürlich an seine Mutter und wird leicht ärgerlich, bis ich ihn daran erinnere, daß ich einfach gern mal schweige, ohne böse auf ihn zu sein. **Mißverständnisse können wir nur durch Nachfragen aus der Welt schaffen.** „Redest du nicht mit mir, weil du wütend auf mich bist?"

„Hast du das jetzt gesagt, weil du in Eile bist?"

„Meinst du damit, ich soll dir helfen?" sind einfache Fragen, die uns ermöglichen zu erfahren, was genau der „Sender einer Botschaft" gemeint hat. Unsere Art zu verstehen stimmt nämlich eher selten mit dem überein, was der Sprecher oder Sender aussagen wollte!

Besonders verhängnisvoll ist, daß auch wir selber mit „vier Ohren" hören. Damit ist gemeint, daß jeder von uns ein „Sachohr", ein „Appellohr", ein „Beziehungsohr" und ein „Selbstoffenbarungsohr" hat und daß wir meistens gelernt haben, eines dieser Ohren besonders zu schärfen. Wenn Sie sich an die vier im vorherigen Kapitel beschriebenen „Überlebenshaltungen" erinnern, können Sie sich vorstellen, daß ein Rationalisierer ein besonders ausgeprägtes „Sachohr" hat. So ein Mensch hört in erster Linie die Sachinformation eines Satzes und blendet aus, welche Gefühle dahinter stehen. Sagt jemand: „Hans hat in die Windel gemacht!" fängt derjenige vielleicht an, einen Vortrag über Stuhlgang oder Vorteile von Naturwindeln zu halten oder darüber, wann mit der Sauberkeitserziehung auf den Azoren begonnen wird.

Der sogenannte Beschwichtiger wird das Appellohr besonders geschärft haben. Sagt jemand: „Hans hat in die Hose gemacht!" hört der Beschwichtiger gleich: „Lauf und hol eine frische Windel!" Er fühlt sich ange-

sprochen und handelt schnell, damit kein Streit auf-
kommt.

Der Ankläger wird auf der Beziehungsebene gut
hören und sagen: „Warum hast du keine neue Windel
mitgenommen?" oder: „Du kannst den Jungen aber
auch gar nicht erziehen!"

Oder unser Gegenüber wird das Selbstoffenbarungsohr spitzen: „Ich hab doch gleich gesagt, daß er nicht so
viel trinken darf!"

In der Pubertät fühlen sich Kinder oft auf der Beziehungsebene angesprochen, obwohl wir als Eltern vielleicht die Sachebene betonen wollten. Sagen wir z. B.
„Heute ist es kalt, zieh eine Jacke über!" hören sie vielleicht heraus: „Du bist noch unerfahren. Ich muß dir
Vorschriften machen!" und werden wütend. Sind wir in
der Lage, die verschiedenen Ebenen wahrzunehmen und
zu berücksichtigen, gelingt es uns leichter, sinnvoll zu
kommunizieren.

Anstelle von „Zieh eine Jacke über!" sagen wir dann
geschickter: „Sie haben Frost angesagt. Entscheide
selbst, was du anziehen willst."

Im Alltag sind es oft Kleinigkeiten, die uns wütend
machen. Wenn wir in der Familie anfangen, darüber zu
reden, welche Worte uns verletzen und in Rage bringen
und welche uns glücklich machen, können wir das
Klima erheblich verbessern und uns viel wohler fühlen.

Beachten sollten wir auch, daß „timing" und ange-
messene Form ebenfalls einen Einfluß auf Gespräche
haben. Wenn wir wichtige Sachen mit unseren Kindern
durchzusprechen haben, ist es entscheidend, daß wir
uns dafür genügend Zeit und einen angenehmen Ort für
das Gespräch wählen. Allein das signalisiert, daß uns

die Sache wichtig ist und alles, was uns auf dem Herzen liegt, gesagt werden kann.

Im folgenden noch einmal zwei Beispiele für unsinnige und geglückte Kommunikation:

Vater A. zu seinem Sohn: „Wie oft soll ich dir noch sagen, daß du meinen Werkzeugkasten nicht ungefragt benutzen darfst?! Du bist wirklich ein unmöglicher Schlamperheini!"
Der Sohn hat keine Chance, auf die Frage zu antworten. Es wird nicht auf Regeln verwiesen, und er erhält keine Möglichkeit, positive Vorschläge zu machen. Sein Selbstwertgefühl wird mit der letzten Bemerkung angegriffen. Hier wird der Mensch in Frage gestellt und nicht das Verhalten.

Vater B.: „Henrik, wir hatten doch eine Vereinbarung über den Werkzeugkasten getroffen?! Ich sehe, daß du dich nicht daran gehalten hast. Was machen wir jetzt?"
Der Sohn wird auf die Vereinbarung hingewiesen und muß jetzt selber nachdenken, wie der Schaden zu beheben ist. Das stärkt das Verantwortungsbewußtsein, ohne das Selbstwertgefühl zu schwächen.

Ein weiteres Beispiel aus dem Supermarkt: Die Mütter A und B stehen mit ihren Kindern in einer langen Schlange. Als die kleine Sara am Ärmel der Mutter zerrt und sagt: „Komm, Mama, laß uns gehen, ich mag nicht mehr warten!" reagiert Mutter A:
„Nun hör aber auf! Du bleibst hier stehen, bis wir fertig sind, ist das klar?"

Die vierjährige Sara läßt sich auf den Fußboden fallen und protestiert laut. Die Mutter versucht sie hochzuheben, ist verzweifelt und zischt wütend: „Jetzt reicht's aber, du dummes Ding!" Sara beginnt, tief zu schluchzen und leise vor sich hinzuweinen, während die Mutter endlich zahlen kann und mit dem weinenden Kind geht.

Mutter A. ist in keiner Weise auf die Bedürfnisse von Sara eingegangen. Sie hat Sara zusätzlich mit ihrer Ausdrucksweise gekränkt und ihr Selbstwertgefühl geschwächt. Saras Vertrauen in andere Menschen ist wieder ein Stückchen verletzt worden, und das Verhältnis zur Mutter hat sich wieder ein Stück verschlechtert.

Mutter B. reagiert anders:
„Du hast recht. Es ist wirklich schrecklich, so lange hier stehen zu müssen. Es ist heiß und all die vielen Menschen. Möchtest du vielleicht deine Jacke ausziehen? Ich muß nur noch bezahlen, und dann gehen wir."
Mutter B. nimmt ihre Tochter ernst und versteht ihre Gefühle. Sie macht ihr einen Vorschlag, um die Lage zu erleichtern. Die Tochter bekommt nicht, was sie am liebsten will, aber ihr wird bestätigt, daß sie in Ordnung ist und daß sie ein Recht auf ihre Bedürfnisse hat. Ihr Selbstwertgefühl und ihr Vertrauen in andere Menschen werden auf diese Weise wachsen.

Babys Wut

Im Mutterleib war unser Kind bestens versorgt. Ihm fehlte nichts.

In die Kälte dieser Welt geboren, fehlt nicht nur Wärme, sondern auch Nahrung, Geborgenheit, Einssein. Sollte man da nicht wütend werden?

Eine unkomplizierte Geburt ist zwar keine traumatische Erfahrung, aber nie wieder im Leben wird der Mensch auf einmal mit so viel Neuem konfrontiert. Aletha Solter bezeichnet die Geburt als herausragendste Lernleistung im Leben des Menschen. Hierfür braucht das Neugeborene die Unterstützung seiner Mutter und möglichst auch seines Vaters.

Bei aller Liebe, die Eltern ihrem Baby zukommen lassen:

Irgendwann macht jedes Baby die Erfahrung, getrennt zu sein, alleingelassen, abhängig. Es ist eine schreckliche Erfahrung, die das Kind zum Weinen bringt. Das kann ein trauriges, verlassenes Weinen sein, aber auch ein wütendes: „Hört mich denn keiner? Warum bekomme ich keine Nahrung? Warum muß ich mich langweilen? Warum muß ich allein sein?"

Das Baby spürt, was es braucht und was ihm fehlt – und es ist wütend und enttäuscht, wenn es das nicht bekommt. Es kann sich nicht selber helfen und fühlt sich deshalb ohnmächtig und verlassen. Jedes Baby braucht nach der Geburt Wärme, Anregung, Körperkontakt, Bewegung und Nahrung. Das sind Grundbedürfnisse, die unbedingt erfüllt werden müssen, wenn das Kind keinen Schaden nehmen soll.

Noch immer geistern in den Köpfen von Menschen Vorstellungen herum, die besagen, daß man ein Baby nicht „verwöhnen" dürfe. **Ein Baby aufzunehmen, wenn es schreit und herumzutragen, wann immer das möglich ist, bildet die Grundlage für sein Selbstwertgefühl und sein späteres Glück.**

In unserer technisierten Welt ist diese Tatsache lange verdrängt worden. Es ist aber bewiesen, daß Kinder sterben, wenn sie vitaminreiche, sterile Kost erhalten, ohne getragen und berührt zu werden! Alle Säugetiere sind Tag und Nacht mit ihren Jungen zusammen – und warum sollte das Menschenbabys nicht vergönnt sein? Ging nicht deshalb soviel Menschlichkeit verloren, weil wir uns einreden ließen, kleine Kinder wollten uns mit ihrem Geschrei tyrannisieren?

Wenn Babys weinen, wollen sie bei uns sein. Sie brauchen unsere Unterstützung und unseren Halt!

In jedem von uns steckt noch das wütende Baby, das wir einmal waren. Die Erfahrung, alleingelassen, abgeschoben und nicht wertgeschätzt zu sein, begleitet viele Menschen ein ganzes Leben lang.

Wenn wir eigene Kinder haben, können wir die Phasen unserer kindlichen Wut noch einmal an unseren Kindern erfahren. Wir beobachten unsere Kinder – und sehen uns selbst.

Ich erinnere mich noch sehr deutlich an eine Szene aus meiner Studentenzeit. Ich hatte einen Job angenommen und ein bestimmtes Honorar vereinbart. Als es ausgezahlt werden sollte, war die Summe bedeutend niedriger, und mir wurde gesagt, so sei es vereinbart gewesen. Ich erinnere mich noch sehr gut an die Wut, die in mir aufstieg und die ich später an meinem Bett ausließ, indem ich heulend auf die Kissen schlug. Denn da ich keinen schriftlichen Vertrag hatte, konnte ich nichts machen, fühlte mich ohnmächtig, hilflos, verlassen. Ich fühlte mich damals wie ein Baby, das Hunger hat und zu wenig bekommt. Und ich habe mich auch selbst für meine Unfähigkeit, mir gleich alles schriftlich geben zu lassen, gehaßt.

Ein Baby hat wenig Möglichkeiten, mit seiner Wut umzugehen. Es kann nur schreien und sich steif machen, strampeln. Es erlebt seine Wut einfach im Hier und Jetzt – und gibt sich ihr hin.

Aletha Solter, eine bekannte amerikanische Entwicklungspsychologin, behauptet, daß Babys auch weinen, um angestaute Gefühle loszuwerden, um sich zu entladen und zu entspannen. Wir sollten daher ihr Weinen respektieren und sie dabei tröstend halten, damit sich die heilsame Wirkung entfalten kann. Ein zu schnell in den Mund geschobener Schnuller verhindert Weinen manchmal vorschnell – und damit den Selbstheilungsprozeß.

Babys leben uns aber auch das Gegenteil von Wut intensiv vor. „Selig wie ein satter Säugling" ist ein Begriff, unter dem sich jeder etwas vorstellen kann. Ein geborgenes, zufriedenes, schlafendes Kind, vielleicht mit jenem Engelslächeln, das Neugeborenen über das

Gesicht huscht, ist ein Sinnbild für Zufriedenheit und Ganzheit. Dieser Zustand macht nicht nur uns, sondern auch das Kind ausgeglichen und tief entspannt. Deshalb macht es für mich überhaupt keinen Sinn, ein Baby allein schreien zu lassen. Es braucht im Gegenteil die wohltuende Erfahrung, nicht allein zu sein, gehört zu werden und geschützt und gewärmt in unseren Armen geborgen zu sein. Entspannte Kinder sind glückliche Kinder, und jede wohltuende Erfahrung weckt in unseren Kindern das Vertrauen, daß die Welt doch ein freundlicher Ort sein kann. Diese Erfahrung wird sich ein ganzes Leben lang positiv auswirken, und Eltern haben hier die Chance einer echten Zukunftsinvestition. **Geschenktes Vertrauen, geschenkte Geborgenheit zahlt sich ein Leben lang aus und ist durch nichts zu ersetzen.**

Leo ist der kleine Sohn von Tea und Willi. Heute ist er vier Monate alt und schreit lauthals. Tea versucht, ihn zu stillen, aber der Kleine dreht ärgerlich seinen Kopf weg und brüllt. „Gib ihn mir mal", sagt Willi, während Leo weiter schreit. „Vielleicht ist er müde." Willi legt Leo in sein Bettchen. Leo brüllt, außer sich vor Wut. Jetzt nimmt Willi Leo auf, hält ihn aufrecht im Arm und redet ihm gut zu. „Du kleiner Sohn Leo, versteht dich denn keiner auf dieser Welt! Komm, wir gehen ein bißchen auf und ab. Wein dich ruhig aus, es wird alles wieder gut. Wir sind immer für dich da."

Durch die beruhigende Stimme seines Vaters und das Getragenwerden wird Leo, der vermutlich Bauchschmerzen hat, zwar nicht gleich still, fühlt sich aber geborgen und aufgehoben. Das Schreien entspannt langfristig seinen Körper, und mit den Tränen wird viel Enttäuschung weggespült. Die Wärme, die von seinem Vater ausgeht und die tiefe, beruhigende Stimme wird er ein Leben lang als tiefes Vertrauen in sich tragen und es wird ihm später in vielen schwierigen Situationen helfen. Dieses Vertrauen weckt die innere Stimme in uns, die uns immer wieder gut zuredet: „Egal, was passiert – du schaffst es."

Die Wut des Kleinkindes

Ein Kleinkind hat schon viele Fähigkeiten erworben. Es kann sich selbständig von einem Ort zum anderen bewegen, sich Gegenstände herbeiholen, sie wegtun, fallen lassen oder mit ihnen spielen. Es kann sich unter bestimmten Bedingungen sogar Nahrung und Spaß selbständig verschaffen und seine angeborene Neugier befriedigen. Es kann sich viel differenzierter verständlich machen als ein Baby, denn es hat laut lachen gelernt, kann mit seinen Händen zeigen und Laute und Worte von sich geben, die seine Eltern immer besser verstehen.

Ein Kleinkind kann auch auf vielerlei Art wütend werden: z. B. wenn ihm etwas nicht gelingt, was es tun möchte, wenn seine Eltern es nicht verstehen, obwohl es sich mit Körpersprache und Lauten deutlich darum bemüht hat oder wenn ihm etwas verboten oder verweigert wird, was es möchte.

Es kann in den meisten Fällen nicht einsehen, warum dieses oder jenes nicht geht – und das macht es wütend. Nur allzu verständlich, nicht wahr? Wie reagieren wir denn, wenn wir uns vorgenommen haben, eine Vorhangstange anzuschrauben und die Wand ist aus unerfindlichen Gründen so morsch, daß der Dübel nicht halten will?

Viel leichter als wir selbst läßt sich ein kleines Kind jedoch von seinem Kummer ablenken und findet Freude an einer anderen Tätigkeit.

Ablenkung ist jedoch nicht immer das Mittel der Wahl. Wenn sich ein Zweijähriger seine Schuhe allein zumachen möchte und schafft es nicht, müssen wir seine Wut auch schon mal aushalten. Denn das ist ja wirklich ärgerlich! Greifen wir zu schnell ein, gibt das Kind auch zu schnell auf und bemüht sich nicht mehr. Die vollbrachte Leistung macht es aber ungeheuer froh und stolz – und diesen Triumph sollte es möglichst oft erleben dürfen.

Kleine Kinder fangen auch an, erste Vorstellungskraft zu entwickeln. Wir können das an einfachen Rollenspielen beobachten: Unsere Tochter backt einen Sandkuchen, und wir müssen ihn kosten, unser Sohn spielt den Polizisten, und wir müssen ihm gehorchen.

Ist dann jedoch etwas nicht so, wie unser Töchterchen sich das vorgestellt hat, ist der Wutanfall perfekt. Sie hat sich eben ein rotes Kleid vorgestellt und kein blaues! Und schließlich ist das wirklich ein Unterschied. Für uns Erwachsene mag es vielleicht nicht wichtig sein, welche Farbe wir heute tragen – das kleine Kind hat aber ganz bestimmte Vorstellungen damit verbunden, die für sein Verständnis bedeutsam sind. Wenn wir uns in die Lage des Kleinkindes versetzen, wird sein Dilemma verständlich. Verhalten wir uns also ruhig und gelassen: „Das rote Kleid ist in der Wäsche. So ein Ärger. Was machen wir denn da? Willst du mir vielleicht helfen, es auf die Leine zu hängen?"

Aletha Solter weist zu Recht darauf hin, daß die Kleinigkeit, die das Kleinkind manchmal zum Weinen bringt, nur das Tüpfelchen auf dem „i" ist, der Tropfen, der das Faß zum Überlaufen bringt. Wenn ein Kind einen Wutanfall bekommt, weil es heute keinen roten Saft mehr gibt, sondern nur gelben, können wir das oft nicht ganz ernst nehmen. Aletha Solter meint nun, daß es weniger um den Saft geht als darum, einen Anlaß zum Weinen zu finden. Ist dieser Anlaß da, können sich die schon seit längerem aufgestauten Gefühle entladen und mit den Tränen wegfließen. Das ist heilsam! Deshalb sollten wir das Kind nicht ablenken oder vorschnell trösten, sondern einfach bei ihm sein, sein Weinen akzeptieren und ihm zeigen, daß wir es lieben.

Erfahrungen, die ich mit meiner elfjährigen Pflegetochter gemacht habe, bestätigen mir dies: Nach einem Besuch bei ihren Eltern kehrt sie immer sehr traurig zurück. Sie mag dann aber ihre Trauer und Wut nicht gleich zeigen, sondern sucht den nächstbesten geringsten Anlaß, um loszuschreien und in Tränen auszubrechen. Indem sie brüllt: „Warum ist denn kein Toastbrot da? Nie kauft ihr Toastbrot!" findet sie ein Ventil, um über ihr Schicksal herzzerreißend zu weinen. Am nächsten Tag ist sie dann meist ausgeglichen und fröhlich.

Schlecht fühlt sich ein Kind dann, wenn wir seine Gefühle nicht ernst nehmen oder gar verbieten. Wenn wir schreien: „Wirst du wohl ruhig sein und wegen einem Kleid nicht so ein Theater machen! Hier wird nicht gebrüllt!" Fühlt es sich schlecht und unverstanden. Viele derartige Erlebnisse schwächen sein Selbstwertgefühl und schaffen neue Probleme, vor allem aber noch viel mehr Wut, die dann auch zerstörerisch wirken kann.

> **Akzeptanz und Verständnis dagegen schaffen eine liebevolle Atmosphäre, in der das Kind lernt, mit seiner Wut umzugehen.**

Janosch, 18 Monate alt, hat ein neues Spielzeug bekommen, bei dem man Kugeln mit einem Holzhammer durch ein Loch schlagen muß. Seine Mutter macht ihm das vor. Janosch lacht, als er die Kugel aus der unteren Öffnung herausrollen sieht. Er möchte es nun selber probieren, hat aber nicht genug Kraft. Die Kugel bleibt in der Öffnung stecken. Janosch probiert es eine Weile und schmeißt dann wütend und weinend den Hammer weg. Als seine Mutter ihn tröstend auf den Arm nehmen will, strampelt er nur ärgerlich mit den Beinen. Jetzt geht seine Mutter nach nebenan und holt eine Kasperpuppe, die Janosch sehr liebt. Der Kasper spricht: „Nanu, wer weint denn hier so laut? Ist das etwa Janosch?" Janosch schaut hoch und sieht die Figur interessiert an. Seine Mutter setzt sich so hin, daß er das Spielzeug, für das er offenbar noch zu klein ist, nicht mehr sieht und läßt die Puppe weiter Kontakt aufnehmen. Vorsichtig darf der Kasper Janosch streicheln, und bald lacht dieser wieder.

Das Spielzeug zieht die Mutter erst einmal aus dem Verkehr. Es ist ja eigentlich erst für zweijährige Kinder gedacht. Sie werden es in ein paar Monaten noch einmal probieren.

Trotz – verstehen und dabeibleiben

Wenn das Kind entdeckt, daß es in der Welt durch sein Eingreifen etwas verändern kann, ist das eine wunderbare Erfahrung. Die meisten Erwachsenen machen sich nicht klar, welche Freude in diesem Prozeß liegen kann und was es heißt, seine Willens-Macht zu entdecken. Ja, wir alle haben Macht – und nutzen sie doch viel zu wenig. Wir haben Macht über unsere Körperfunktionen, Gedanken, Handlungen und Reaktionen. Wir können uns immer so oder so entscheiden, so oder so denken und die Lage so oder so einschätzen. Wir alle haben die Freiheit, in jeder Sekunde zu entscheiden!

Mit ungefähr drei Jahren macht der kleine Mensch zum ersten Mal diese erstaunliche Entdeckung. „Ich will" und „ich darf" machen ihm ein wunderbares Gefühl, nämlich stark zu sein und etwas zu vollbringen. Ich glaube, daß dies zu den schönsten menschlichen Gefühlen gehört.

Wenn sich das zwei- oder dreijährige Kind etwas in den Kopf gesetzt hat und nun jemand kommt und dem kleinen Menschen einen Strich durch die Rechnung macht, etwas verbietet oder verhindert, ist die Wut groß, die in diesem Alter oft „Trotz" genannt wird.

Trotz ist etwas ganz Natürliches, denn der Mensch ist nicht auf der Welt, um mit Verboten konfrontiert zu sein.

Und deshalb macht ihn dieses dauernde „das geht nicht", „das darfst du nicht" ja so wütend. Aber wir können doch nicht alles erlauben – oder? Nein – aber ich glaube schon, daß manches erlaubt sein müßte, was verboten ist. Kleine Kinder sind neugierig und wollen alles entdecken. Das ist ihr gutes Recht und für uns Grund zur Freude: sie lernen nur so und werden nicht müde, konzentriert zu forschen, wie es sich mit den Dingen verhält. Intelligente Kinder brauchen Experimente und Erfahrungen! Verbote sollten nur ausgesprochen werden, um zu verhindern, daß Wertvolles beschädigt oder Gefährliches mißachtet wird. Es muß also unsere Aufgabe sein, das neugierige Kind in die Welt einzuführen, ihm ehrlich zu zeigen, wo die Gefahren lauern und wie wir mit Dingen umgehen müssen, damit sie noch zu gebrauchen sind.

Das ist keine leichte Aufgabe! Schließlich kann ein Dreijähriger nicht begreifen, daß es die Schokolade aus dem Supermarkt nicht ausräumen und essen und die Putzmittel nicht versprühen darf. Wutanfälle lassen sich also nicht vermeiden. Aber aushalten. Manchmal müssen wir uns das Kind einfach unter den Arm klemmen und mit ihm von dannen eilen – auch wenn das schwer ist. Wenn wir uns dabei jedoch sagen: „Mein Kind ist eben neugierig und intelligent" fühlen wir uns viel besser, als wenn wir glauben: „Dieser kleine Egoist will uns hier vor allen blamieren und ärgern."

Es ist mir auch passiert, daß ich ein Kind schreiend wegtragen mußte. Und wenn sich die Angelegenheit in meiner Wohnung abspielte, bin ich auch öfter selbst gegangen, zum Beispiel in ein anderes Zimmer, weil ich das Geschrei nicht mehr ertragen konnte. Das ist sicherlich keine besonders gelungene Lösung, aber es ist viel besser, als auf das Kind einzuschreien oder es gar zu schlagen. Eltern haben fast immer die Möglichkeit, schnell einen Ortswechsel vorzunehmen, wenn sie Gefahr laufen, gewalttätig zu werden. Und ich habe das vielen Müttern empfohlen, die befürchten mußten, daß ihnen „die Hand ausrutscht".

Was passiert eigentlich in so einer Situation, in der wir mit der heftigen Wut unseres Kindes konfrontiert sind? Ich glaube, wir werden in Sekundenschnelle selbst wieder zum Kind und fühlen uns angegriffen und verletzt. Als Erwachsener hätten wir es doch wirklich nicht nötig, einen Knirps zu demütigen oder zu schlagen, nicht wahr?

Wir fühlen uns mit unserer eigenen Ohnmacht und Unfähigkeit konfrontiert und reagieren deshalb auf einer hilflosen, kindlichen Ebene: schreien und schlagen. Als wirklich Erwachsener könnten wir uns sagen: „Was für eine Enttäuschung muß mein Kind jetzt spüren. Ich kenne das von mir aus vielen Situationen. Wie kann ich ihm jetzt am besten helfen? Ich bleibe einfach bei ihm und zeige ihm meine Liebe."

Wer schon einmal meditiert hat, kennt den Gebrauch von Mantras. Das sind Silben, Wörter oder kleine Sätze, die ständig wiederholt werden. Auf diese Weise verhindern sie, daß wir denken. Das Ziel der Meditation ist ja, die Gedanken abzuschalten, damit wir Zugang zu unserer Ganzheit finden können. In Situationen, in denen wir uns hilflos und verzweifelt fühlen und Gefahr laufen, etwas zu tun, was wir nachträglich bereuen, kann es sehr sinnvoll sein, ein Mantra zu murmeln. Kombiniert mit unserem Atem hilft es uns, zur Ruhe zu kommen. Im Prinzip wirkt jedes Mantra. In so einer Situation sollte man vielleicht einatmend „Frie" und ausatmend „den" sprechen, Frie-

den. Oder Liebe: einatmend „Lie" und ausatmend „be".
Wir können aber genauso den Namen unseres Kindes
sprechen oder ein anders Wort, das uns gut tut.

Ich kenne eine Familie, die sich angewöhnt hat, in
sehr stressigen Situationen einfach die heilige Silbe Om
zu singen. Atmen Sie tief ein und lassen sie ausatmend
ein Ommmm aus Ihrem Körper tönen. Das tut gut und
entspannt die Situation. Außerdem hat es etwas Hu-
morvolles, denn bei Streß und Wut sind wir ja schrecklich ernst und verkrampft.

Kinder haben ein unterschiedliches Temperament, und
meine Tochter konnte besonders heftig wütend werden.
Manchmal hat sie mich sogar mit ihren kleinen Fäusten
bearbeitet. Ich habe dann ihren Arm festgehalten und
„Hör auf! Wir schlagen uns nicht!" geschrien, und irgendwann hat sie sich dann schreiend in meinen Arm
gekuschelt oder ist einfach irgendwo auf dem Teppich-
boden liegen geblieben – natürlich weinend. Solche Situationen sind unvermeidlich, und wir können uns nur
damit trösten, daß sie die starken Willenskräfte zum
Ausdruck bringen. Und solche Situationen gehen vorüber, und wir überleben sie alle!

In seltenen Fällen ist es mir gelungen, meinem Kind
eine Geschichte zu erzählen, die ihm geholfen hat.
Zum Beispiel von dem kleinen weißen Kaninchen,
das unbedingt roten Saft trinken wollte, und der war
alle. Es mochte keinen grünen Saft und keinen blauen
Saft, es mochte keinen Tee und keine Milch, keinen
Orangensaft und keinen Apfelsaft, sondern nur den

roten Saft, den es sonst immer gab. Da schrie das kleine Kaninchen durch den Wald, daß die Bäume wackelten – ja, sie wackelten –, und die Zwerge unter den Wurzeln wachten auf und wunderten sich: „Wer schreit denn da so durch unseren Wald?" fragten sie sich. Aber die Eule, die alles weiß und alles sieht, rief: „Das ist das kleine Kaninchen! Es hat keinen roten Saft!" Da lachten die Zwerge und hielten sich ihre kleinen runden Bäuche vor Lachen. Keinen roten Saft? Keinen roten Saft? Dann kann es doch Wasser trinken! Wir trinken immer Wasser, und die Rehe trinken Wasser und die Hasen trinken Wasser und selbst die Mäuse und Rotkehlchen trinken Wasser. Die Bäume trinken auch Wasser!" „Tja, rief die Eule, das sagt ihr. Aber ihr seid schließlich kein kleines weißes Kaninchen. Das ist ja wohl ein Unterschied." Da hatte die Eule recht.
Aber ich frage mich: Bist du nicht ein süßer kleiner Zwerg?"

Kleine Kinder sind sehr anspruchslos, was Geschichten betrifft. Mit ihren Lieblingstieren, mit Aufzählungen interessanter Dinge, mit witzigen Redewendungen oder überraschenden Vorfällen lassen sie sich oft ablenken und aufheitern.

Es fragt sich allerdings, ob Ablenkung immer das Mittel der Wahl ist. Oft hat meine Tochter sogar geschrien, ich solle aufhören, wenn ich ein Lied singen oder eine Geschichte erzählen wollte. Offenbar wollte sie weinen. Wütendes Weinen hilft dem Kind ja, seinen Kummer zu verarbeiten und sich wieder zu entspannen.

Es kann dann erfahren, daß es die Situation überlebt, ohne verlassen oder ungeliebt zu sein.

Manchmal sind Kinder auch einfach nur müde, überreizt und „fix und fertig".

Dann nehmen wir sie am besten in den Arm und lassen sie weinen, schaukeln sie in der Hängematte oder auf unserem Schoß und befördern sie sanft ins Bett.

Wer sein Kind in einer solchen Situation straft oder schlägt, fügt ihm immer Schaden zu und verletzt es zutiefst. Ein Kind, das so behandelt wird, muß sich ungeliebt und in seinen natürlichen Bedürfnissen mißachtet fühlen. Sein Selbstwertgefühl wird zerstört, und es fängt an, aus seiner Verzweiflung heraus zerstörerisch zu wirken: gegen sich selbst oder andere.

Wir ersparen uns als Eltern viel späteren Ärger und Verzweiflung, wenn wir es schaffen, ruhig bei unserem vor Wut schreienden Kind sitzen zu bleiben, ihm vielleicht eine Hand aufzulegen und es liebevoll in seinem Zorn zu begleiten. „Ich verstehe, das ist wirklich eine große Enttäuschung für dich, wein du nur." Wenn wir es ausweinen lassen, entspannt es sich bald von selbst und ist nach einer Weile wieder glücklich und zufrieden.

Ganz wichtig finde ich, daß sich Eltern bei ihren Kindern entschuldigen, wenn sie etwas Unrechtes getan haben. Es ist nicht „recht", ein Kind anzuschreien! Wenn wir uns später dafür entschuldigen, lernt das Kind nicht nur wichtige Umgangsformen kennen, sondern kann seine Eltern auch besser einschätzen und verstehen. Wenn wir unsere eigene Wut erklären, lernt es auch die seine kennen und akzeptieren. Und in der gegenseitigen Annahme unserer Gefühle kommen wir allmählich zu einem wahrhaft menschlichen Miteinander.

Grenzen –
welche sind nützlich, welche schädlich?

Natürlich ist es weder sinnvoll noch durchführbar, Kindern „alles" zu erlauben. Grenzen setzen bedeutet, klar zu machen, wo bei mir „der Spaß aufhört", wo ich mich selber bedroht fühle, was ich nicht ertragen kann und wo ich ein klares „Nein!" ausspreche. „Wenn das Haus keinen Zaun hat, kann jeder hereinlatschen", heißt es in einem Spruch.

Eltern müssen sich schützen, um von ihren Kindern nicht vollständig ausgelaugt oder ausgesaugt zu werden.

Umgekehrt müssen auch Kinder ihre Grenze wahren, wenn es nicht zu Übergriffen kommen soll. „Kinder können mit Lauten, Bewegungen und Sprache ihre Grenzen deutlich machen, aber sie können sich nicht gegen Manipulation durch größere Kinder oder Erwachsene verteidigen. Sie sind deshalb abhängig von der Fähigkeit und dem Willen der Umgebung, ihre Kompetenz und ihr Recht, persönliche Verantwortung auszuüben, anzuerkennen", schreibt Jesper Juul sehr treffend (S. 161).

Manche Erwachsenen küssen Kinder ungefragt oder kneifen sie in die Wange oder machen entwürdigende Bemerkungen. Das sind eindeutige Grenzverletzungen!

Weil es heute wenig eindeutig festgelegten Werte gibt, fällt es manchen Eltern schwer, zu entscheiden, was sie erlauben und was sie verbieten wollen. Diese Frage ist jedoch sehr wichtig und sollte auch zwischen Vater und Mutter rechtzeitig besprochen werden. Darf das Kleinkind das Bücherregal ausräumen oder die Stereo-Anlage bedienen? Soll der Fernseher prinzipiell ausbleiben, solange kleine Kinder wach sind? (Was ich für sinnvolle halte, Sie jedoch vielleicht ganz anders sehen?) Ab wann bekommt das Kind ein Eis? Hat es das Recht zu entscheiden, welche Jacke es heute anzieht? Darf es sich neue Schuhe selbst aussuchen? Darf es die Eltern am Sonntagmorgen stören? Darf es Spielsachen über Nacht im Wohnzimmer liegen lassen?

Es gibt unglaublich viele Fragen, die alle zu klären sind. Dabei gibt es kein Richtig und kein Falsch. Die Bedürfnisse des Kindes und die der Eltern müssen erkannt und in Einklang gebracht werden. Jedes Bedürfnis zählt und will ernst genommen werden. **Eltern und Kinder sind gleich würdig, in ihren Interessen, Wünschen und Bedürfnissen** wahrgenommen und beachtet zu **werden!**

Je kleiner das Kind ist, desto einseitiger ist die Beziehung. Ein Baby weckt uns natürlich am Sonntag, weil es Hunger hat und trinken muß. Ein fünfjähriges Kind kann am Sonntag auch schon mal eine Stunde allein spielen. Wenn ein zweijähriges Kind vor Wut eine Tasse hinschmeißt, kann es die Folgen noch nicht absehen. Wenn ein achtjähriges Kind das absichtlich tut, können wir es zur Rechenschaft ziehen und z. B. verlangen, daß es die Tasse vom Taschengeld bezahlt. Ein vierjähriges Kind kann auch noch nicht beurteilen, ob eine bestimmte Fernsehsendung geeignet ist oder nicht – einem Vierzehnjährigen können wir das schon eher zutrauen.

Was ich häufig beobachte ist, daß Kinder zu viele Grenzen gesetzt bekommen. Es gibt unglaublich viele Verbote, die oft lebenswichtige Erfahrungen betreffen und somit verhindern, daß ein Kind seine natürliche Neugier, seinen Forscherdrang und Wissensdurst befriedigt. Das macht viele Kinder zu recht wütend. Wenn Kinder z. B. nicht tuschen dürfen, weil das Schmutz verursachen könnte, wenn sie nicht hopsen dürfen, weil das zu laut ist, wenn sie nicht kreischen dürfen, weil das die Nachbarn stört und wenn sie nicht matschen dürfen, weil das zu dreckig ist, und wenn sie kein Tier haben dürfen, weil das zu viel Arbeit macht, wenn sie nicht auf den Spielplatz können, weil es regnet und außerdem zu weit ist, dann ist das für Kinder nicht nur schwer einsehbar, sondern zum Teil auch schädlich.

Erschreckend vielen Kindern fehlt heute die sinnliche Erfahrung, die durch matschen, balancieren, hopsen, schaukeln, fühlen und begreifen, lauschen und staunen auf natürliche Weise möglich wird. Fehlt ihnen diese Erfahrung jedoch, verkümmern auch ihre geistigen Fähigkeiten und die Fähigkeit, zu fühlen und mitzufühlen. Diese Kinder versagen dann nicht nur in der Schule, weil rechnen und lesen auch mit dem Gleichgewichtssinn zu tun haben. Sie lernen auch schwer, Mitgefühl zu entwickeln und sich in andere hineinzuversetzen, weil ihnen selbst das nicht entgegengebracht wurde.

Viele Kinder haben auch kaum noch Freiräume. Ihre Tage sind verplant, und ständig **müssen** sie irgend etwas. Das eigene Tempo zu finden, Freiheit zu genießen, nicht ständig beobachtet zu werden und Tage zu verträumen, scheint ein Privileg vergangener Kindheitstage zu sein.

Gelassen sind Kinder, die man gelassen hat, heißt es so treffend. Wütend sind Kinder, die ständig nicht dürfen und statt dessen müssen.

Kinder brauchen Orientierung und entschieden weniger Verbote. Diese wenigen sollten allerdings auch mit Überzeugung und Konsequenz eingehalten werden.

Ich denke da vor allem an das Fernsehen und den Konsum von Süßigkeiten und überflüssigem Spielzeug. Kinder bekommen heute in der Regel zu viele Geschenke, die sie kein bißchen glücklich machen, und zu wenig achtsame Zuwendung, die sich in Zuhören, etwas gemeinsam Tun, körperlicher Nähe, miteinander reden und Erfahrungen austauschen zeigt.

Jesper Juul spricht in diesem Zusammenhang davon, daß Kinder nicht alles bekommen müssen, worauf sie Lust haben. Sie sollten aber unbedingt das bekommen, was sie **brauchen!**

Natürlich macht es Kinder wütend, wenn sie einen Film nicht sehen dürfen, den Leo aber sehen darf, oder wenn sie nicht wie Thessa jeden Tag eine Tüte Bonbons bekommen. Wenn wir uns aber sicher sind, daß dieser Film tatsächlich ungeeignet und Süßigkeiten nicht nur für die Zähne, sondern für die ganze Gesundheit schädlich sind, dann können wir diese Wut gut aushalten. Bestimmt fällt uns dann auch ein, welche Alternativvorschläge wir unserem Kind machen können, und wir werden oft erleben, daß unser Kind schon bald wieder ganz glücklich ist. Es macht nämlich Spaß, im Wald durch raschelndes Laub zu laufen oder gemeinsam Waffeln zu backen.

Wenn heute so viel von Grenzen die Rede ist, die Kinder brauchen, dann liegt das meiner Meinung nach an der

Orientierungslosigkeit vieler Eltern und an der Schwierigkeit, Kindern **vorzuleben,** wie Freundlichkeit, Rücksichtnahme und Konfliktlösung aussehen kann. Und welche Möglichkeiten es gibt, sich gesund zu ernähren und sich aus eigenem Antrieb zu beschäftigen. Es ist manchmal leicht, ja zu sagen, weil ein Nein Kraft kostet. Letztendlich macht es aber auch Eltern zufrieden, wenn sie einen schönen Nachmittag im Park verbringen oder gemeinsam eine Weihnachtskrippe töpfern.

Für Eltern ist es wichtig und sinnvoll, sich täglich zu fragen: **„Was ist mir heute wichtig? Worauf lege ich Wert? Was brauche ich? Und was braucht mein Kind?"**

Wenn sich eine Mutter oder ein Vater auf diese Weise täglich neu eine Orientierung gibt, wird es leichter fallen, klare Verbote auszusprechen, wo sie angebracht sind. Wenn wir wissen, was uns selber wichtig ist und warum wir etwas verbieten, dann können wir auch die Wut aushalten, die ein Kind daraufhin möglicherweise fühlt. Diese Wut, so wissen wir dann, hat auch nichts mit uns zu tun, sondern einfach mit der mangelnden Lebenserfahrung unseres Kindes. Wir als Erwachsene haben den Überblick und die Verantwortung – niemand sonst.

Frau M. holt ihren Sohn Markus vom Kindergarten ab. Freudig rennt Markus auf sie zu und schreit: „Hast du mir Gummibärchen mitgebracht?" „Nein, Markus. Du kannst aber gern einen Apfel haben, wenn du Hunger hast!" Markus brüllt: „Ich will aber keinen Apfel, ich will Gummibärchen!"

Wie soll Frau M. jetzt reagieren?

Sinnvoll wäre, jetzt ruhig zu bleiben und klar und bestimmt zu sagen:

„Ich sehe ein, daß du enttäuscht bist. Trotzdem habe ich keine Gummibärchen. Komm, laß uns nach Hause gehen."

Wahrscheinlich schreit Markus jetzt trotzdem weiter. Frau M. kann jetzt seine Jacke und seine Mütze nehmen und sich zum Ausgang hinbewegen. Sie kann deutlich machen, daß es ihr ernst ist, jetzt nach Hause zu gehen. Und vielleicht kann sie Markus noch ein Angebot machen. „Du Markus, was hältst du davon, wenn wir: ‚Ich sehe was, was du nicht siehst' spielen?"

Vielleicht dreht Markus noch mehr auf und beschimpft seine Mutter mit Ausdrücken, die er gerade neu gelernt hat. „Nein Markus, so reden wir nicht miteinander!" wäre eine kurze passende Antwort. Argumente oder moralische Vorträge nützen in so einer schon verfahrenen Situation nicht viel. Später, wenn Markus sich beruhigt hat und Mutter und Sohn Gelegenheit finden, in Ruhe miteinander zu reden, kann Frau M. das Thema noch einmal aufgreifen.

„Markus, du hast vorhin „ dumme Kuh" gesagt. Du weißt, daß ich keine Kuh bin, und ich möchte auch nicht so genannt werden. Hast du das verstanden?"

Wenn Frau M. das Gefühl hat, Markus würde sie bestimmt morgen wieder so nennen, sollte sie mit Markus vereinbaren, was geschieht, wenn er es noch einmal sagt.

„Ich möchte das nicht noch einmal hören. Hast du eine Idee, was wir machen, wenn es dir doch wieder passiert?"

Dann kann sich Frau M. mit Markus einigen und muß die neue Regel beim nächsten Mal natürlich auch anwenden.

Sind Strafen sinnvoll?

Erinnern Sie sich bitte einmal an Situationen aus ihrer Kindheit zurück, in denen Sie gestraft wurden.

Wie haben Sie sich dabei gefühlt?

Hat die Strafe Ihnen geholfen, sich positiv zu verändern?

Es gibt ganz selten Situationen, in denen ein Mensch eine Strafe als gerecht und richtig erfährt. In den meisten Fällen erleben wir Strafen als ungerecht, als eine Mißachtung unserer Bedürfnisse und unseres Menschseins.

Ganz genauso geht es Kindern. Strafen sind etwas, was „von oben" verhängt wird. Jemand, der mächtiger ist als wir, benutzt seine Macht, uns etwas aufzuerlegen oder uns zu etwas zu zwingen, was wir eigentlich nicht wollen und einsehen.

Wenn uns „das Leben" bestraft, ist das etwas ganz anderes. Wenn wir ein Portemonnaie in der Telefonzelle liegenlassen und erst nach zwei Stunden hingehen, um es zu suchen und es ist weg, fühlen wir uns wütend und bestraft. Wir sind dann aber wütend auf uns selbst und werden uns zukünftig bemühen, achtsamer und konzentrierter zu sein. Eine Erfahrung wie diese bringt uns weiter.

Wenn Erwachsene Kindern Strafen erteilen, die nicht weiterbringen, erzeugen sie nur Wut, aber keine neue Erfahrung, keine positive Veränderung.

Nehmen wir einmal an, Tim hat einen Eintrag im Zeugnis, daß er häufig seine Hausaufgaben vergißt. Zur Strafe darf er nun drei Wochen nicht mehr fernsehen.

Obwohl es Tim sicherlich nicht schadet, nicht fernzusehen, ist diese Strafe nicht sinnvoll. Denn dadurch, daß Tim nicht fernsieht, lernt er keineswegs, seine Hausaufgaben regelmäßig zu machen. Sinnvoll wäre, mit Tim gemeinsam zu überlegen, wie es zukünftig gelingen könnte, Hausaufgaben regelmäßig anzufertigen. Er wird im Gegenteil nur sehr wütend und wird noch weniger Lust zum Lernen haben. Wer kann denn schon bei Wut nachdenken?

Sinnvoll wäre, mit Tim in Ruhe zu reden:

„Tim, im letzten Halbjahr hast du deine Hausaufgaben öfter nicht gemacht. Hast du eine Idee, wie wir das ändern können?"

Andere Kinder haben sich Verhaltensweisen angewöhnt, die wir ganz und gar nicht akzeptieren können. Zum Beispiel spucken. Soll man diese Kinder nun nicht bestrafen?

Wenn mich jemand anspuckt, muß er merken, daß ich das nicht akzeptieren kann. Wenn ich spontan wütend werde und laut schreie: „Hej – du bist wohl nicht ganz fit?! Das ist eklig! Wisch das sofort weg!" weiß der andere, woran er ist. Manchmal reagieren Eltern oder Erzieherinnen sehr verhalten auf eine Tat, die eigentlich empörend ist. Es ist jedoch erlaubt, Gefühle zu zeigen!

Oft wissen z. B. Jugendliche ganz genau, daß Anspucken verletzend ist und tun es gerade deshalb. Das muß dann unbedingt Konsequenzen haben. Je älter das Kind ist, desto deutlicher muß es auch die Konsequenzen spüren, wenn es bewußt handelt. Wir können zum Beispiel einem Jugendlichen eine Geldstrafe für die Reinigung „aufbrummen" oder ihm auferlegen, eine Woche lang den Flur zu wischen, wenn es absichtlich gespuckt hat.

Mindestens genauso wichtig wäre jedoch, zusätzlich herauszufinden, was das Spucken in diesem Zusammenhang bedeutet. Wir können ziemlich sicher sein, daß es ein Versuch ist, das Selbstwertgefühl aufzubessern. Daher sollten wir uns fragen: „Wie kann ich das Selbstwertgefühl dieses Jugendlichen stärken? Was kann ich tun, damit er sich angenommen fühlt?"

Immer sinnvoll ist, die Konsequenzen mit Kindern und Jugendlichen selber **im voraus** zu besprechen und festzulegen, anstatt sie von oben und oft „aus heiterm Himmel" herabzudonnern.

So ist es notwendig, die **Regeln des Zusammenlebens** – in der Familie, im Kindergarten und in der Schule – gemeinsam festzulegen und in regelmäßigen Abständen zu überprüfen. Daß wir neue Regeln brauchen, bemerken wir zuerst an Verhaltensweisen, die uns stören.

Spätestens dann sollte man sich zusammensetzen und beraten: „Mir ist aufgefallen, daß manche Kinder hier andere anspucken. Wie findet ihr das? Was wollen wir dagegen tun? Was soll geschehen, wenn jemand gegen diese (soeben beschlossene) Regel verstößt?"

Regeln sollten übersichtlich und sichtbar sein. Wir können sie z. B. von den Beteiligten auf farbige Pappe schreiben lasen. Jedes Kind muß dann unterschreiben, daß es zustimmt. Im Kindergarten kann das mit Fingerabdruck geschehen.

Wenn wir *gemeinsam* über Regeln nachdenken und Konsequenzen bei Regelverstoß gemeinsam festlegen, sind Strafen überflüssig.

Hilfen im Kindergartenalter

In unserer Zeit hören wir ständig Klagen über aggressive, ja brutale Kinder. Der bekannte deutsche Jugendforscher Klaus Hurrelmann hält bereits fünf Prozent der 3 bis 6jährigen für gewalttätig, in Ballungsgebieten sollen es sogar 20 Prozent sein. Aufgrund der schlechten Arbeitsbedingungen in zu großen Gruppen bei schlechter Bezahlung erwägen schon 63 Prozent der Erzieherinnen in Kindergärten, ihren Beruf aufzugeben, lesen wir bei Peter Struck.

Wenn ein Kind im Kindergarten ein anderes schlägt, ist es noch lange nicht gewalttätig. Aggressionen oder das, was so aussieht, können ganz unterschiedlich begründet sein. Wenn ich manchmal kleine Jungen beobachtet habe, fühlte ich mich an junge Hunde erinnert, die miteinander balgen und beißen. Aus Spaß und aus purer Lebensfreude und um ihre Kräfte zu messen. Das gibt es. Man erkennt es daran, daß es **beiden** gut dabei geht.

Meine Söhne Simon und Till prügeln sich noch jetzt, im Alter von vierzehn und achtzehn, mit Schaumgummischlägern. Sie sind beide ganz vergnügt dabei und lachen sich kaputt. Sie tun das regelmäßig und sind sonst die ausgeglichensten und zufriedensten Jungen, die man sich vorstellen kann.

Manchmal zeigt sich ein Kind aggressiv, ist jedoch in Wirklichkeit tief traurig.

Jonas fiel seit Wochen auf. Er reagierte wütend, wenn man ihn ansprach, und schlug um sich, wenn andere mit ihm spielen wollten. Im Kindergarten saß er meist allein in einer Ecke und ließ niemanden an sich heran. Die Erzieherin bestellte die Mutter von Jonas zu einem Gespräch. „Der Junge ist so aggressiv. Stimmt bei Ihnen zu Hause etwas nicht?" Jonas Mutter schaute schuldbewußt zu Boden. Sie hatte keine Idee.

Später erst fiel ihr ein, daß es vielleicht an Großvater liegen könnte. Jonas Opa lag seit Wochen im Krankenhaus. Die Eltern besuchten ihn häufig, aber Jonas durfte nie mit, obwohl er doch früher öfter bei Großvater war. Eines abends setzte sie sich wie immer zu Jonas ans Bett und sagte: „Jonas, ich glaube, du machst dir Sorgen wegen Großvater. Du weißt ja, daß er krank ist." Da brach es aus dem Jungen heraus, und er weinte herzzerreißend. Endlich hatte sich jemand nach seinen Ängsten erkundigt! Jonas hatte sich schreckliche Fantasien um die Krankheit des Großvaters gemacht, und er hatte niemand, den er darauf anzusprechen wagte. Ganz vertieft in diese angsterfüllten Gedanken ließ er niemand an sich heran und war „aggressiv". Die Mutter erklärte Jonas nun, wie es um Großvater stand und nahm ihn beim nächsten Besuch mit ins Krankenhaus. Sie rief die Erzieherin an und erzählte ihr von Jonas Sorgen. Alle gingen jetzt behutsam mit Jonas um. Im Kindergarten fanden sie das Buch „Großvater" von John Burningham und guckten es sich gemeinsam an. Jonas war bald wie ausgewechselt. Er fühlte sich endlich verstanden und aus der Ecke herausgeholt.

Oft können wir jedoch auch beobachten, daß ein Kind als „Täter" ein anderes schlägt, kneift, haut, an den Haaren zieht oder tritt und das „Opfer" weinend zurückbleibt. Dabei können beide Kinder wütend sein oder nur eines oder auch nicht. In dieser Situation brauchen beide Kinder Hilfe: Das Opfer braucht als erstes Trost, der Täter muß spüren, daß Handlungen Konsequenzen haben. Es empfiehlt sich, die beiden Kinder an einen Tisch zu setzen und sie noch einmal mit dem Konflikt zu konfrontieren. Was ist geschehen? Was hat dich so wütend gemacht? Was ist dann passiert? Was können wir jetzt tun, um die Sache zu bereinigen? Erst wenn sich „der Täter" aus Überzeugung und nicht unter Druck entschuldigt hat, werden die Kinder wieder zum Spiel entlassen. Manchmal muß sich „das Opfer" ebenfalls entschuldigen und seinen Anteil am Streit erkennen. Ein Konflikt muß jedoch immer wirklich geklärt werden! Ein solches Verfahren ist aufwendig, aber unbedingt lohnenswert! Und wenn es geübt wird, können die Kinder das bald auch ganz allein.

Kleine Kinder, wie sie im Kindergarten sind, handeln oft auch aus Hilflosigkeit aggressiv. Sie haben z. B. noch nicht gelernt, mit anderen Kontakt aufzunehmen und hauen dann ein Kind, um ihm zu signalisieren: „Ich will mit dir etwas anfangen!"

In Rollenspielen können Kinder ausprobieren und erfahren, Kontakt auf andere Weise herzustellen und auch, wie man kleine Alltagskonflikte konstruktiv löst. Mit ein paar attraktiven Requisiten wie z. B. einer Eisenbahnermütze, einem Kopftuch und einem Einkaufskorb bekommen die Kinder Lust, solche Alltagskonflikte nach Anleitung zu spielen und auf diese Weise Handlungsalternativen zu erfahren. „Wir spielen jetzt mal: Tim und Hanni sind in der Puppenecke und kochen. Jetzt will Lukas auch mitmachen, aber die beiden lassen ihn nicht. Wer möchte Tim sein, wer Hanni, und wer Lukas?" Die Kinder spielen die kurze Szene.

Danach wird jedes Kind gefragt, wie es sich in dieser Rolle gefühlt hat.

Erst jetzt werden die Zuschauerkinder gefragt, was man hätte anders machen können – falls die Lösung nicht überzeugend war.

Zugegeben, solche Spiele sind manchmal mühsam anzuleiten, sie sind jedoch immer sehr nützlich. Konfliktlösung muß geübt werden. Selbst die meisten Erwachsenen beherrschen sie nicht. Im Kindergarten bietet sich vielfach die Möglichkeit, damit anzufangen. Und wo es geschieht, sind die Erfolge deutlich spürbar.

Manchmal sind die Arbeitsbedingungen so schlecht, daß zeitaufwendige Verfahren nicht möglich scheinen. In solchen Fällen muß man sich vielleicht an die Eltern, an die Presse und/oder an zuständige Politiker wenden.

Wenn Erzieherteams sich mit der Aufgabe der Konfliktlösung überfordert fühlen, können sie als Gruppe

eine Fortbildung machen und auch die Eltern einbezie-
hen. In Offenbach (und anderswo) sind solche Fortbil-
dungen durchgeführt worden.

Positive Erfahrungen liegen vor (vgl. hierzu Kurt Faller, S. 110, und Barbara Lichtenegger im Literaturverzeichnis).

Wichtig ist, auch schon mit kleinen Kindern Regeln
gemeinsam zu erarbeiten und Konsequenzen bei Regelverstoß gemeinsam zu beschließen.

Zweifellos ist ein Teil der Kinder auch deshalb aggressiv, weil es Regeln weder kennengelernt hat noch
an der Ausarbeitung beteiligt war. Wenn die Eltern
nicht in der Lage sind, so einem Kind Regeln des gemeinsamen Zusammenlebens zu vermitteln, muß es
der Kindergarten tun.

Jedes Kind hat ein Recht auf seine Wut, aber nicht
auf Hauen, Beißen, Schlagen und andere Arten der Verletzung. Das müssen schon Kleinkinder lernen. Bekanntlich lernen Kinder am effektivsten durch Vorbilder. Diese Fehlen heute leider allzu häufig bzw. werden
manchmal nur noch durch Fernsehen oder Zigaretten-
reklame in negativer Weise geboten. Im Kindergartenalter sind die Chancen noch relativ groß, dem Auftrag der
Konfliktfähigkeit nachzukommen. Er muß allerdings
ergriffen werden.

Einen Sonderfall stellen wahrnehmungsgestörte Kinder dar. Sie bemerken ihre Defizite oft gar nicht und tun
dann einem anderen Kind weh, ohne es tatsächlich
wahrzunehmen. Sie hören zwar ihr Opfer schreien, wissen aber möglicherweise gar nicht, warum. In Zusammenarbeit mit Heilpädagogen, Krankengymnasten und
Ergotherapeuten müssen hier individuelle Wege gefun-

94

den werden, diese Kinder zu integrieren und durch besondere Maßnahmen zu fördern.

Es kommt leider auch vor, daß kleine Kinder schon deshalb extrem aggressiv sind, weil sie von Geburt an ungewollt waren. Und offenbar fällt es Eltern in von Egoismus gekennzeichneten Zeiten besonders schwer, sich dennoch auf ein unerwünschtes Kind einzulassen. Mangel an Liebe, Ansprache, Körperkontakt, Zuhören und gemeinsamem Spiel führen bei jedem Kind zu Störungen, die sich u. a. auch in aggressivem Verhalten äußern. Oft bekommen Kinder die Aufmerksamkeit ihrer Eltern nur, wenn sie sich konsequent auffällig verhalten. Zu viele Kinder werden schon im Kindergartenalter vor dem Fernseher „geparkt", wo sie täglich bis zu 70 Mordszenen sehen können. Die Helden solcher Filme dienen als Modelle für das eigene Handeln in Konfliktsituationen, wenn Erwachsene nicht ganz gezielt dagegenarbeiten.

Die Mißachtung seiner Eltern verletzt ein Kind zutiefst, und es muß darauf verwirrt und zerstörerisch reagieren. Ein krasses, dokumentiertes Beispiel ist dafür die Lebensgeschichte der Betty Bell, die mit elf Jahren in England zwei kleine Jungen ermordete. Wenn man liest, was sie als kleines Kind selber erlebt und durchlitten hat, kann man die Grausamkeit eines elfjährigen Mädchens nachvollziehen.

Andere, weniger extreme Beispiele gibt es in fast jedem Kindergarten. Man hilft den Eltern solcher Kinder nicht, indem man sie mißachtet und belehrt. Sie brauchen therapeutische Hilfe, die sie dann um so bereitwilliger annehmen, je weniger man sie verurteilt und abwertet. Es tut niemandem gut, solche Eltern mit Worten wie: „Ihr Kind hat schon wieder ..." täglich zu begrüßen.

Sinnvoll wäre, sich besorgt um die Entwicklung zu zeigen, jede Art von Anschuldigungen zu vermeiden und konkrete Hilfe anzubieten: „Frau X, ich weiß, wie sehr Sie sich um Timo bemühen. Ich sehe sein Verhalten als deutlichen Hilfeschrei. Lassen Sie uns gemeinsam überlegen, wie wir beide ihm helfen können. Ich habe da eine Idee ..."

Noch immer bleiben nach Schätzungen 75 Prozent aller Kindesmißhandlungen unentdeckt. Wer mischt sich schon gern in „Familienangelegenheiten" ein?

Dennoch meine ich, daß weggucken nicht weiterhilft. Eine Beratung mit dem Deutschen Kinderschutzbund oder beim zuständigen Jugendamt kann Kindern manchmal helfen und größeres Unheil verhindern. (Ich empfehle hierzu die kostenlose Broschüre des Bundesministeriums für Familie: „Keine Gewalt gegen Kinder. Signale sehen, Hilferufe hören, Postfach 201551, 53145 Bonn.)

Es kann auch sinnvoll sein, daß sich Eltern und Erzieher zusammentun, um einem Kind zu helfen, dessen eigene Eltern das vielleicht nicht können. Seelische Grausamkeiten sind natürlich nicht „besser" als körperliche. Immer müssen Wege gefunden werden, das menschliche Miteinander auf der Basis von Liebe und Mitgefühl zu gestalten. Das gehört zweifellos zu den schwierigsten, aber auch wichtigsten Aufgaben.

Langfristig, so meine ich, sollte die Bundesrepublik dem Beispiel der skandinavischen Länder folgen und die Prügelstrafe auch Eltern verbieten. Dadurch würde ein Zeichen gesetzt und ein deutliches Bekenntnis für einen gewaltfreien Umgang zwischen Menschen ausgesprochen.

Geschichten gegen die Wut

Kleine Kinder sind mit Geschichten fast immer zu beeinflussen. Was Werbefachleute perfekt beherrschen, sollten auch Eltern lernen: Mit Kindern so zu reden, daß erwünschtes Verhalten eine Chance hat. Zu schreien: „Sei nicht so aggressiv!" ist wenig sinnvoll. „Wir verhalten uns freundlich und rücksichtsvoll!" wirksamer, weil das Kind das erwünschte Verhalten suggeriert bekommt. Bekanntlich registriert das Gehirn keine Negationen. Wenn ich Ihnen nämlich jetzt sage: „Bitte denken Sie an nichts Negatives, auf keinen Fall an eine Prügelei!" fangen Sie automatisch an, nach negativen Beispielen zu suchen und sehen vor ihrem inneren Auge eine Prügelei. Füge ich dann hinzu: „Stellen Sie sich die Sonne vor", sehen Sie diese vor Ihrem inneren Auge. Wir unterstützen die Suggestion noch, wenn wir sie singen. Ein gesungenes „Wir verhalten uns freundlich und rücksichtsvoll!" bleibt nach mehreren Wiederholungen fast lebenslang im Kopf – aus dem gleichen Grund, aus dem sie auch bestimmte „Ohrwürmer" aus der Werbung nicht wieder los werden. Eine einfache Melodie wird Ihnen schon einfallen – und es spricht auch nichts dagegen, einen dummen Werbespruch umzutexten.

Geschichten von kleinen oder größeren Tieren, die in Wut geraten, aber Wege finden, den Konflikt konstruktiv zu lösen, wirken erstaunlich gut. Das Tier sollte dabei möglichst ein Lieblingstier des Kindes sein, für das diese Geschichte speziell gedacht ist, oder mit dem gleichen Buchstaben des Vornamens anfangen, wie das Kind selbst. Die folgende Geschichte ist nur ein Beispiel. Selbst erdachte und auf die konkrete Situation zugeschnittene Erzählungen sind immer wirkungsvoller.

Freddy war ein hübsches weißes Kaninchen mit einem schwarzen Punkt auf der Nase. Diesen Punkt hatte es von seinem Vater geerbt. (Hast du auch irgendwas von deinem Vater geerbt?) Der Kaninchenvater hatte genau so einen Punkt auf der Nase. Aber, wie das bei Kaninchen so ist, der Vater lebte schon lange nicht mehr mit den Kindern zusammen. Er war weggezogen, und Freddy bekam ihn kaum noch zu Gesicht.

Eines Tages hoppelte Freddy wie immer in den Kindergarten für Kaninchenkinder. Alle Kaninchen saßen schon am Tisch und knabberten ihre Möhrchen. Freddy wollte sich eben auf seinen Platz setzen, als er feststellen mußte, daß der schon besetzt war. Dick und breit saß dort Nicky, das Schlappohrkaninchen. Wutentbrannt stürzte sich Freddy auf dieses Tier und schüttelte es kräftig durch. Doch das ließ Nicky sich nicht gefallen. Mit seinen frischgeschliffenen Krallen setzte es sich zur Wehr. Die braune und die weiße Kaninchenwolle flog nur so durch den Raum. Manche Kaninchenkinder schrien ängstlich.

„Was ist denn hier los?" brüllte da Frau Hase. „Die kloppen sich schon wieder!" riefen die Kaninchenkinder. Tja – was sollte Frau Hase jetzt tun?

(Hast du eine Idee?)

Kurzerhand packte sie die beiden und bugsierte sie an den runden Tisch, der extra für Streitfälle von Meister Lampe gezimmert worden war.

„Er hat auf meinem Platz gesessen!" schrie Freddy. „Der hat angefangen!" brüllte Nicky. „Nun mal der

Reihe nach, und keiner unterbricht den anderen!" sagte Frau Hase energisch und ließ sich die ganze Sache noch einmal erzählen.

Dann sagte sie ... (was hättest du gesagt?) "Freddy, was hättest du noch tun können – außer Schütteln –, um deinen Platz zurückzubekommen?" Freddy fiel nichts ein. (Hast du eine Idee?) "Du hättest mich fragen können!" sagte Nicky.

"Genau!" sagte Frau Hase. "Warum hast du nicht gefragt?" "Mein Vater hat mich auch nie gefragt!" dachte Freddy leise. Aber das traute er sich nicht laut zu sagen. Er starrte auf den Boden. "Na?" fragte Frau Hase. "Willst du es jetzt vielleicht noch einmal versuchen?" Freddy nickte. Nicky setzte sich wieder auf den Platz an den Frühstückstisch. "Hier sitze ich sonst immer. Suchst du dir bitte einen anderen Platz?" sagte Freddy jetzt. "Klar!" sagte Nicky und zog ab.

"So schnell hätte er sich sonst aber nicht umgesetzt", meinte Susi. "Hätte ich wohl!" antwortete Nicky. "Das werden wir jetzt mal genau beobachten!" schlug Frau Hase vor. Und dann übten alle Kinder noch einmal die Regel Nummer drei. Weißt du, wie die geht? Nein? Dann will ich sie dir verraten:

"Freundlich fragen –
nicht verzagen.
Hilft das nicht,
sei kein Wicht,
sondern sprich mich an,
daß ich helfen kann!"

Märchen

Im Kindergartenalter kann man anfangen, Kindern Märchen zu erzählen oder vorzulesen. Ich empfehle Ihnen, sich ein Märchenbuch ohne Bilder zu besorgen und die Originalfassung z. B. der Brüder Grimm und keine gekürzte Ausgabe zu verwenden. Vorgegebene Bilder verhindern, daß das Kind in seinem inneren eigene Bilder findet. In jedem von uns schlummert ein ganz eigenes Dornröschen und ein persönlicher Hans im Glück.

Manche Kinder sind von Märchen sofort fasziniert, andere mögen sie nicht. Bitte berücksichtigen Sie hier die Wünsche Ihres Kindes, denn sie sind bedeutsam.

Märchen wirken, auch wenn das Kind sie noch nicht „richtig" versteht, heilsam, auch auf das Gefühlsleben.

Wir können die Bilder im Märchen als innere Anteile von uns selbst begreifen, als Ausdruck von Stimmen, die sich in unserem Inneren zu Wort melden. Es gibt in uns sowohl die schöne, verzweifelte Müllerstochter, die vor eine unlösbare Aufgabe gestellt wird, nämlich aus Stroh Gold zu spinnen, als auch den wütenden Zwerg, der sich verraten und enttäuscht fühlt. Wir kennen alle einen Müller-Vater, der mit den Fähigkeiten seiner Tochter prahlt und sie mißbraucht und die Habgier eines Königs, der süchtig ist nach Gold.

Manche Kinder haben ausgesprochene Lieblingsmärchen, die sie immer und immer wieder hören wollen und oft bald auswendig können.

Sie können sicher sein, daß dieses Märchen dann eine ganz besondere Bedeutung für Ihr Kind hat.

> Märchen helfen Ihrem Kind, nach Lösungen zu su-
> chen und das Wunderbare im Leben zu erkennen.
> Sie zeigen, daß schwierige Situationen überwindbar
> sind und geben Mut für den eigenen Weg.

Elternarbeit

Gemeinsam mit den Eltern, denen die Situation ge-
schildert werden sollte, **ohne anzuklagen oder zu beschuldigen,** sollte nach Lösungen gesucht werden. Welche Ideen haben die Eltern? Welche dieser Ideen kann
man wie umsetzen, damit sich die Aggressionen ver-
mindern? Bezieht man die Eltern nicht ein, lassen sich
Vorschläge schlechter umsetzen, und viele Ressourcen
aus der Elternschaft bleiben ungenutzt.

Oft ist es auch gut, einen von außerhalb kommenden
„Experten" zu diesem Thema einzuladen und im An-
schluß gemeinsam eine Zukunftswerkstatt oder ein
Brainstorming durchzuführen.

Projekt Gefühle

In einer oder mehreren Projektwochen kann man sich
ganz gezielt mit Gefühlen beschäftigen. Da müssen Gefühle zunächst einmal „gesammelt" werden. Wenn wir
den Kindern ein Bilderbuch vorlesen oder ein Märchen
erzählen, kann man sie zwischendurch ab und zu fragen: „Wie fühlst du dich jetzt?" und dann die Antwort
in einem „Gesicht" festhalten.

Auf diese Weise lernen die Kinder auch, über Gefühle zu sprechen.

Interessant ist auch, **Musik** auf Gefühle hin zu untersuchen. Man könnte fragen, wie sich wohl damals der Komponist bei dieser Musik gefühlt hat und wie sich jetzt der Hörer fühlt. Es gibt in der Tat wütende, fröhliche und traurige Musik!

Die benannten Gefühle lassen sich dann auch in „**Kritzelbilder**" umsetzen. Welche Farben und Formen können mir helfen, eine Stimmung auszudrücken? Hierzu benötigen die Kinder große Flächen, auf denen sie im Stehen arbeiten können. Geeignet sind Glasfarben, Fingerfarben oder Wachsstifte. Dabei kann auch nach Musik gemalt werden.

Den Abschluß einer solchen Projektarbeit könnte ein „Fest der Gefühle" bilden, auf dem die Kinder ihren Eltern vormachen und zeigen, was sie gelernt haben. Dort könnte es einen Wut-Raum genauso geben wie einen „Froh- und Heiter-Raum" und einen „traurigen Raum."

Wutecke und Entspannungsraum

Räumliche Veränderungen sind in vielen Kindergärten sinnvoll. Zumindest kann eine Wutecke – oder besser – ein Toberaum, der ganz mit weichem Material ausgestattet ist, eingerichtet werden. In der Wutecke hängt ein Wutsack – ein mit Lumpen gefüllter Kartoffelsack. Bewährt hat sich auch ein großer, auf dem Boden liegender Sack, der mit Erbsen und Reis gefüllt ist. In diese Wutecke dürfen alle gehen, die wütend sind. Sie dürfen dort auf den Sack schlagen, treten etc. – bis es ihnen

wieder besser geht. Und das dürfen auch die Erzieherinnen. Schließlich werden sie auch mal wütend.

Hängematte

Eine Hängematte sollte in keiner Einrichtung fehlen.
Schaukeln beruhigt ungemein, denn es erinnert an das
Gefühl, im Mutterleib getragen und als Baby beruhigt
zu werden. Es fördert den Gleichgewichtssinn und tröstet aggressive und wütende Kinder – und natürlich
auch alle anderen. Das Umhülltsein von dem Stoff der
Matte gibt ein Gefühl von Sicherheit und Geborgenheit,
die heute so vielen Kindern fehlt.

Hängematten lassen sich draußen oder drinnen an-
bringen und sind immer eine lohnende Investition.

Außengelände

Ein für Kinder attraktives Außengelände kann die Situation in einer Einrichtung enorm entspannen. Weil
viele Kinder heute an Bewegungsmangel leiden, fehlt es
ihnen an Erfahrungen mit Klettern, Schaukeln, Hüpfen,
Rutschen, Balancieren und Matschen. Bewegungsmangel begünstigt unangemessene Aggressionen und verhindert darüber hinaus viele Lernprozesse, die spätestens im Schulalter vorausgesetzt werden.

Gemeinsam mit den Eltern kann überlegt, geplant
und schließlich gebaut und verändert werden. Es gibt
inzwischen viele Hinweise zur Umgestaltung von
Außengeländen, z. B. im „Handbuch ökologischer Kindergarten" aus dem Herder-Verlag.

So lernen kleine Kinder ihre Gefühle kennen
Hinweise und Spiele

Wenn kleine Kinder ihre Gefühle auf nicht verletzende Weise ausdrücken lernen sollen, müssen sie sie zunächst einmal kennenlernen. Eine einfache und sehr nützliche Methode ist, seinen Kindern immer eine Rückmeldung zu geben: Ihr Kind kommt weinend mit einem toten Vogel an: „Oh. Ein toter Vogel. Das hat dich jetzt wohl ganz traurig gemacht."

Ihr Sohn stürmt empört in den Flur: „Das war vielleicht eine Gemeinheit! Die ganze Klasse mußte zwanzig Minuten länger bleiben ..."

Sie antworten: „Da fühltest du dich wohl sehr ungerecht behandelt und bist wütend darüber."

Die zweijährige Lea zeigt immer wieder weinend auf eine Holzfigur aus Afrika.

„Die Figur macht dir wohl Angst?"

Leas Mutter hat versprochen, auf den Spielplatz zu gehen. Da kommt noch ein Anruf.

„Du hast ganz recht, wenn du wütend bist, weil ich so lange telefoniert habe. Jetzt gehen wir aber wirklich los."

Wir tun gut daran, auch unsere eigenen Gefühle immer wieder auszudrücken. Ihre Tochter hat Ihnen ein Bild gemalt: „Das freut mich! Willst du mir mal erklären, was das ist?" Ihr Sohn hat Ihre Wolldecke benutzt und sie dann im Regen draußen liegen gelassen: „Darüber bin ich nun wirklich stinksauer!" Wenn wir dabei immer von uns selbst sprechen und unser Gegenüber nicht beschuldigen, erreichen wir viel mehr. Es empfiehlt sich also, die Ich-Form zu benutzen und nicht mit „Du bist ..." oder „Du hast ..." loszuschimpfen. Der andere hat dann eine Chance, selber einzusehen, was er mit seinem Verhalten ausgelöst hat und kann sich entschuldigen oder einen Schaden beheben. Sie können leicht an sich selber beobachten, daß Sie auf „Durchzug" schalten oder aber wütend abwehren, wenn Sie beschimpft werden.

Ändern tun Sie und ich erst etwas, wenn wir unsere Fehler selber entdecken und einsehen.

Wenn wir eigene Gefühle benennen und unseren Kindern ihre Gefühle auszudrücken helfen, lernen sie allmählich, daß es Worte gibt, um Stimmungen zu beschreiben und daß man sich auch mit Worten „Luft machen" kann.

Menschen oder Tiere zu schlagen oder Gegenstände zu zerstören, ist nie ein akzeptabler Weg, Wut auszudrücken.

Weil hinter Wut und Aggression immer unerfüllte Bedürfnisse stehen, ist es wichtig, unseren Kindern auch zu vermitteln, daß sie ihre Wünsche formulieren und ihre Bedürfnisse aussprechen. Wir bringen kleinen Kindern bei zu sagen, daß sie aufs Klo müssen. Akzeptieren wir aber auch, daß sie sich Zeit von uns wünschen und ungeteilte Aufmerksamkeit? „Ich brauche dich, Mami!" kann ein kleines Kind noch nicht sagen. Aber es fühlt so.

Sie lesen zum Beispiel die Zeitung, Ihr Kind zupft immer wieder an Ihrem Hosenbein und sagt: „Mama, Mama!"

„Du möchtest mir etwas zeigen? Ich lese nur noch den Satz zu Ende, und dann komme ich gern."

Ich habe immer wieder beobachtet, daß es sinnvoll ist, einem Kind eine Weile ungeteilte, achtsame Aufmerksamkeit zu schenken. Nach einer Weile akzeptiert es dann auch, für eine Zeit allein zu spielen. Kinder, die immer wieder vergeblich bitten, sind oft quengelig und sehr unzufrieden und enttäuscht. Kein Wunder, daß sie sich dann auf anderem, unangenehmem Weg Aufmerksamkeit holen! Zum Beispiel, indem sie die Tapeten bemalen oder Waschpulver ausstreuen.

Wir sollten auch bedenken, daß Kinder uns stets sehr genau beobachten. Wir Eltern sind die Figuren, an denen sie sich orientieren, die sie nachahmen. Wenn wir uns selber rücksichtslos verhalten und Bitten meistens ausschlagen, machen unsere Kinder uns das sehr schnell nach.

Ich konnte das sehr gut an meiner Tochter beobachten, die gern zu mir sagt: „Gleich, ich muß nur noch ..." genauso redete ich oft mit ihr.

Ein Kind, das seine berechtigten Bedürfnisse erfüllt bekommt, wird ganz von selbst rücksichtsvoll. **Wir müssen uns gar nicht besonders anstrengen, unsere Kinder zu guten Menschen zu machen. Wir müssen nur selbst vorleben, was das heißt.**

Dies wird uns um so leichter fallen, je besser es uns gelingt, uns in andere Menschen „hineinzufühlen", d. h. empathisch zu sein. Wir müssen unserem Kind keineswegs Süßigkeiten kaufen, wenn es auch unbedingt danach verlangt. Wir können ihm aber zeigen, daß wir sein Bedürfnis verstehen und ihm eine Alternative anbieten: „Nein Paul, ich kaufe jetzt keine Gummibärchen. Aber diese Banane darfst du essen, die schmeckt auch süß."

„Das hat dich jetzt wütend gemacht, daß Tim dir die Schippe weggenommen hat. Komm, wir werden ihn bitten, sie dir zurückzugeben."

Oder:

„Ich weiß genau, wie gern du mit Lucia spielst. Heute kann ich dich aber wirklich nicht hinfahren. Ich verspreche dir, es morgen zu tun. Du bist jetzt sicher enttäuscht. Aber heute geht es wirklich nicht."

Aus Illustrierten und Zeitungen kann man Bilder ausschneiden, die Menschen in verschiedenen Gefühlslagen zeigen. Wenn sie diese auf Pappe kleben, können Sie ein ganz individuelles Gefühlsbuch für Ihr Kind herstellen.

Wenn Sie hierfür gleichgroße Pappkarten verwenden und die Fotos kopieren, haben Sie ein Memory-Spiel, das sich auf vielfältige Weise einsetzen läßt.

Wunderschön ist das Bilderbuch der amerikanischen Therapeutin Aliki. Es heißt: „Gefühle sind wie Farben" und sollte in keinem Kindergarten fehlen. Die kleinen Bildgeschichten geben Anlaß, mit den Kindern über Gefühle zu sprechen, und jedes Kind wird erkennen: „So ist es mir auch schon mal ergangen."

Ein eher lustiges Spiel ist „Armer schwarzer Kater". Dabei sitzt die Gruppe im Kreis. Ein Kind ist der Kater und geht auf allen Vieren von einem zum anderen und miaut und zieht dabei Grimassen. Das im Kreis sitzende Kind, vor dem der Kater hockt, darf den Kater streicheln und auch bedauern: „Armer schwarzer Kater!" es darf jedoch auf keinen Fall lachen. Wer lacht, wird selbst zum Kater und löst den anderen ab.

Kämpferisch, aber fair, ist ein symbolischer „Schwertkampf". Dabei sitzt die Gruppe ebenfalls im Kreis auf dem Boden. Die beiden Kämpfer stehen inmitten dieses Kraftkreises und haben jeder einen stabilen Holzstock oder Gymnastikstab. Abwechselnd hält nun je ein Kind seinen Stock horizontal mit beiden Händen ausgestreckt in Kopfhöhe, während das andere Kind mit seinem Stock auf diesen horizontal gehaltenen Stab schlägt. Danach wird abgewechselt: das Kind, das eben geschlagen hat, hält nun seinen Stock horizontal und das andere haut drauf. Es entsteht ein Rhythmus, der fasziniert. Und es ist viel Konzentration nötig! Aggression kann auf diese Weise abgelassen werden, und dennoch gleicht dieses Spiel eher einem Tanz Die Partner schlagen entweder eine Minute lang aufeinander ein, oder die Gruppe im Kreis bestimmt die Schlagzahl und zählt mit. Alle Kinder sollten unbedingt drankommen, denn auch die zaghaften müssen lernen, daß man schlagen darf, ohne wehzutun.

Der klassische Ringkampf sollte auch öfter geübt werden. Dazu befinden sich die Paare auf einer weichen Matte. Die Regeln lauten: Es darf nicht gekniffen, geschlagen, gezerrt werden. Allein mit der Kraft der Arme oder der Beine soll der Partner zu Fall kommen. Wer „aus" sagt, gibt auf, und der andere läßt sofort von ihm ab. Dieses Spiel ist besonders auch für Mädchen wichtig.

Auf Kooperation kommt es beim Eisschollenspiel an. Hierzu stehen alle Kinder auf einem großen Bogen Papier. Sie sind Pinguine, die auf einer Eisscholle stehen.

Der Spielleiter erzählt nun, wie die Scholle in wärmere Gewässer kommt und zu schmelzen beginnt. Dabei reißt er immer mehr von dem Papier ab. Zwangsläufig müssen die Pinguine näher aneinanderrücken, müssen sich halten und gegenseitig helfen. Wenn ein Kind von der Scholle tritt, ist das Spiel beendet.

Jeweils vier Kinder bilden eine Gruppe. Drei Kinder nehmen sich an den Händen und bilden ein Dreieck, das vierte ist der Fänger. Einer aus dem Dreieck wird bestimmt. Wenn dieses Kind berührt wird, sind alle drei gefangen.

Das Spiel endet nach drei Minuten oder wenn das Trio gefangen wurde.

Jäger und Hase

Einer ist der Jäger, alle anderen sind Hasen und bekommen einen Schwanz, d. h. ein Seil oder Tuch hinten locker in die Hose gesteckt. Der Jäger fängt die Hasen, indem er ihnen den Schwanz abreißt. Die Hasen können sich aber retten, indem sie sich umarmen. Nur einzelne Hasen können gefangen werden. Gefangene Hasen werden aber zu Jägern.

Wut-Tisch

Ein kleiner ausgedienter Tisch dient dazu, seine Wut auszulassen. Man könnte hier „mit Wutfarben" auf Papier kritzeln, Gummimesser in Knete stechen oder in Brötchentüten schreien, die anschließend zerknallt werden.

Wut auf Geschwister –
Streit im Kinderzimmer

In vielen Familien bringen Kinder ihre Eltern mit ständigen Streitereien auf die Palme. In anderen Familien sind solche Auseinandersetzungen relativ selten.

Ich glaube, daß Eltern für eine friedliche Stimmung in der Familie aktiv werden können. Interessant ist auch, daß Geschwister sich selten in Abwesenheit der Eltern streiten, aber sehr häufig in ihrer Gegenwart. Wenn Eltern dann einfach schreien: „Hört jetzt endlich auf!" ändert sich nichts.

Beim Streit der Geschwister geht es meistens um Rivalität. Wer von uns wird am meisten geliebt? Jedes Kind möchte „das beste" sein, und wenn Eltern einem Kind Signale geben, die es zum besten machen, wird die Wut und Verletzung des anderen Kindes übergroß.

Zu beachten ist auch, daß es bei einem Streit immer mindestens zwei Sichtweisen gibt. Jede ist für sich genommen richtig. Jedes Kind sollte also auch aus seiner Sicht erzählen dürfen, was vorgefallen ist, wenn sich die Eltern einmischen. In solchen Fällen sollte man dann auch stets die Kinder nach Lösungsvorschlägen fragen. „Habt ihr eine Idee, wie wir das jetzt lösen können?"

Manche Kinder haben „einen schlechten Start", z. B. eine schwierige Geburt oder eine Trennung von Mutter und Kind nach der Geburt. Wenn sich in den ersten Lebenswochen keine positive Beziehung aufbauen kann, bleibt das Verhältnis oft über Jahre getrübt. Das zweite Kind ist dann vielleicht der ersehnte „kleine Sonnenschein", während das erste Kind vielleicht in der ungeliebten Position verharren muß. Wenn die Eltern jetzt den Konflikt des ersten Kindes nicht erkennen und dem zweiten, vielleicht ganz unbeabsichtigt, mehr Zuwendung geben, ist ein Eifersuchtsdrama unvermeidlich.

Nimmt sich nun aber z. B. der Vater des ersten Kindes ganz bewußt Zeit, um diesem zu helfen, entspannt sich die Lage sofort. Zuwendung wirkt sich immer positiv aus!

Für den Streit zwischen Geschwistern bedeutet das:

Zeigen Sie jedem Kind deutlich, daß Sie es in seiner Einzigartigkeit lieben.

Benutzen Sie dabei, insbesondere bei Kindern unter sechs, weniger Worte, sondern mehr Taten: Jedes Trösten, auf den Arm nehmen, Zuhören, Verständnis zeigen, jede Art der direkten Zuwendung und Zärtlichkeit spricht eine viel deutlichere Sprache als Worte. Ein Liebesbeweis ist auch: in der Wut zu einem Kind halten, es nicht verurteilen, sondern einfach bei ihm sein und mitfühlen.

Vergleichen Sie die Geschwister niemals, schon gar nicht im Negativen, sondern heben Sie die besonderen Fähigkeiten eines jeden hervor.

Wenn Geschwister streiten, können sie das in der Regel selber ausfechten. Selbst kleinere Kinder erfinden sehr einfallsreich Möglichkeiten, sich zu wehren.

Wenn sich Eltern zu schnell und ungefragt in einen Streit einmischen und dann noch einem Kind „die Schuld" geben, verschärft sich die Situation immer.

Denn das angeblich schuldige Kind fühlt sich zurückgesetzt, wird wütend und läßt seine Wut bei nächster Gelegenheit wieder an dem Geschwisterkind aus. An den Eltern darf es sich ja nicht „rächen".

Stellen wir uns einmal folgende Situation vor:

Lars und Tim sind im Kinderzimmer. Lars ist vier Jahre alt und hat einen besonders schönen Turm gebaut. Tim ist erst zwei und schmeißt den Turm mit Freude um. Lars stürzt auf Tim zu und haut ihn. Tim brüllt. Die Mutter eilt herbei.

Mutter A schreit: „Du darfst deinen kleinen Bruder nicht hauen, das weißt du doch! Wenn du weiter so rumstänkerst, darfst du nicht mit auf den Spielplatz!"

Lars fühlt sich gedemütigt. Er wird verurteilt, ohne daß die Situation geklärt wird, ihm wird gedroht, und er versteht nichts. Er bekommt eine starke Wut auf seine Mutter und auf seinen kleinen Bruder, der das alles ausgelöst hat. Was soll er jetzt mit seiner Wut machen? Vielleicht schmeißt er mit Spielsachen umher und wird wahrscheinlich jetzt bestraft. Im günstigsten Fall weint er sich aus. In seinem Inneren entsteht eine tiefe Verletzung und die Frage: „Bin ich denn gar nichts wert?"

Mutter B reagiert wie folgt: „Oh, hier ist wohl ein Unglück geschehen." Sie nimmt Tim auf den Arm und tröstet ihn. „Lars, was ist denn passiert?"

Lars erzählt von seinem schönen Turm und seiner Reaktion auf die Zerstörung.

„Das hat dich sicherlich sehr wütend gemacht, das verstehe ich gut. Du weißt doch aber, daß du Tim nicht schlagen darfst. Laß uns gemeinsam überlegen, was wir tun können, damit das nicht noch einmal passiert."

Lars schlägt vor, daß die Mutter für Tim auch einen Turm baut, mit dem er tun kann, was er will. Sie nimmt den Vorschlag an und sagt zu Tim: „Guck mal, bestimmt kannst du auch schon Türme bauen. Lars' Türme darfst du nicht kaputt machen. Ist das klar?"

Beide Jungen spielen friedlich weiter.

Sie sind jetzt nicht nur beide zufrieden, sondern haben auch gelernt, wie man mit ähnlichen Situationen umgehen kann.

Natürlich werden auch die beiden weiter streiten. Sie werden aber auch immer besser Lösungen finden, ihre Konflikte selbständig zu regeln, weil die Eltern bzw. die Mutter sie dazu ermuntern und es ihnen vormachen.

Ein anderer Fall.

Die elfjährige Nora hat eine Freundin zu Besuch und spielt mit ihr in ihrem Zimmer. Ihr achtjähriger Bruder Niklas ist sauer, daß er keinen Besuch hat und auch wütend, weil sein Freund heute nichts von ihm wissen will.

Nun öffnet er die Tür zu Noras Zimmer und schreit einige blöde Ausdrücke hinein. Die beiden Mädchen schimpfen zurück. Als das nichts hilft, beschweren sie sich bei Noras Mutter: „Mama, Niklas ärgert uns immer!"

Mutter A: „Niklas, du kommst jetzt sofort hierher. Wenn du das noch einmal machst, darfst du heute abend nicht fernsehen."

Bei dieser Reaktion muß sich Niklas unverstanden fühlen. Er wird wütend, weil er nicht fernsehen soll und wird seine Wut an irgend etwas auslassen. Vielleicht tritt er gegen die Tür oder schmeißt einen Stuhl um. Im günstigsten Fall geht er nach draußen und spielt da mit anderen Kindern.

Mutter B.: „Niklas, du bist wohl wütend, daß du heute keinen Besuch hast? Das kann ich gut verstehen. Was hältst du davon, wenn du mir beim Pizzabacken hilfst? Oder möchtest du mit mir eine Radtour machen? Die Mädchen läßt du bitte in Ruhe."
Auf diese Weise fühlt sich Niklas verstanden, und er ist froh, von seiner Mutter eine positive Reaktion zu erhalten. Es kommt nicht darauf an, besonders tolle Vorschläge zu machen, wenn sich ein Kind offenbar langweilt. Wichtig ist nur, daß es sich in seinem Gefühl verstanden und angenommen fühlt.
Mehr als drei Vorschläge würde ich einem Kind nie machen. Wenn kein passender dabei ist, was häufig vorkommt, empfehle ich immer, sich einfach auf den Fußboden oder aufs Bett zu legen und sich zu langweilen. Ich erzähle meinen Kindern auch, daß mir in solchen Situationen (z. B. wenn ich abends neben meinen Kindern lag, die einschlafen sollten) immer sehr gute Ideen und Gedanken kamen, von denen ich viele verwirklicht habe.

Die Familienkonferenz, wie *Thomas Gordon* sie schon vor vielen Jahren beschrieben hat, ist bis heute ein wirksames Mittel, um Konflikte aller Art in Familien und anderswo zu klären. Bei ständigen Streitereien können

Eltern oder Kinder ebenfalls eine Familienkonferenz einberufen. In der Kritikphase können alle aufschreiben, was sie stört. Anschließend werden Lösungsvorschläge gesammelt und danach diskutiert. Die Lösung, die die meiste Zustimmung erhält, wird zunächst erprobt. Erst wenn die „Probezeit" erfolgreich war, wird eine Regel daraus gemacht.

Wenn es vorkommt, daß in einer Familie ein Kind ein anderes regelrecht „fertig macht", sollten Eltern eine familientherapeutische Beratung in Anspruch nehmen. Wahrscheinlich hat sich dann über Jahre ein Muster herausgebildet, was von Außenstehenden leichter erkannt und unterbrochen werden kann.

Wut in der Schule

In der Schule gibt es weit mehr Möglichkeiten, in Wut zu geraten, als im Kindergarten.

Zu den üblichen Zwängen wie am Tisch auf einem Stuhl sitzen, Regeln einhalten, mit vielen auskommen, Lärm ertragen … etc. kommen jetzt meist viel größere Gruppen, viel mehr Vorschriften und vor allem eine ständige Bewertung hinzu. Weil Eltern die Schule in der Regel sehr ernst nehmen, entsteht auch von dieser Seite oft zusätzlich Druck. Schulkinder haben es nicht leicht! Ungerechtigkeiten und Enttäuschungen sind in der Schule nahezu unvermeidlich.

Und wenn Ihr Kind zu den glücklichen Ausnahmen gehört, einen verständnisvollen Lehrer zu haben, der Konfliktlösung genau so wichtig wie Diktatübungen findet und seine Schüler zu Eigenverantwortung und Selbständigkeit anregen möchte, können Sie dankbar sein und sollten es diesem Kollegen auch deutlich zeigen. Viele, gerade engagierte Lehrer sind heute resigniert, weil sie weder von Eltern noch von staatlicher Seite Unterstützung erhalten oder wenigstens gewürdigt werden. Mit Pauschalurteilen über faule und unfähige Lehrer ist niemandem geholfen!

Oft machen Kinder jedoch auch die Erfahrung, daß überforderte Lehrer keine Lust haben, auf Konflikte einzugehen oder Ungerechtigkeiten anzusprechen. Aus Zeitmangel oder allgemeinem Streß werden Grobheiten übersehen, Gemeinheiten übergangen.

In einer solchen Atmosphäre fällt es schwer, auf dem Elternabend einmal die eigenen Beobachtungen mitzuteilen und zur gemeinsamen Problemlösung einzuladen. Dies wäre jedoch ein sinnvoller Weg.

Schon 1990 sind die Ergebnisse der von der damaligen Bundesregierung eingesetzten „Gewaltkommission" – einer Professorengruppe, die Gewaltphänomene in der Gesellschaft untersuchen sollte – in einem dreibändigen Werk veröffentlicht worden (vgl. Schwind/Baumann in der Literaturliste).

In einem besonderen Abschnitt über Gewalt an Schulen wurde schon vor zehn Jahren herausgearbeitet, wie Aggressionen verhindert bzw. gefördert werden. Dort heißt es klar und deutlich, daß zwangsverordnetes stundenlanges Stillsitzen auf Stühlen Aggressionen fördert, daß erniedrigende Kommentare und Bemerkungen das ebenfalls tun, daß kühles Reagieren, Ironie, Entmutigung und Nichtbeachten aggressiv macht. Seit langem weiß man ebenfalls, daß lehrerzentrierter Unterricht die Aggressionsbereitschaft fördert. Kein Wunder, wenn Kinder zur Untätigkeit verdammt werden, weil sie stundenlang zuhören müssen, ohne selbst aktiv werden zu können und ihre wichtigste Energiequelle, die natürliche Neugier, verkümmert.

An einer Schule in Hessen ist ein Modellversuch genehmigt worden: Täglich gibt es für die Kinder eine Sportstunde, in der kooperative Spiele und solche, bei denen keiner verliert, den Vorrang haben. Die Aggressionen an dieser Schule nehmen deutlich ab.

117

Von anderen Schulen, z. B. in Berlin, weiß ich, daß Tierhaltung, gemeinsame Zirkusaufführungen, ein umgestalteter Schulhof und eine „Insel" für Kinder, die vor Wut „ausflippen", Aggressionen verhindert.

Die „Insel" ist eine Einrichtung, die sich inzwischen in vielen Städten bewährt hat. Dort gibt es an Schulen einen besonderen Raum, der liebevoll eingerichtet ist und Behaglichkeit ausstrahlt. Wir finden dort Matratzen, Topfpflanzen, eine Duftlampe, sanfte Musik und ähnliches. In diesen Raum können Kinder geschickt werden, die im Unterricht nicht mehr tragbar sind. Ein freundliche Aufsicht versucht, dem Kind, der Lage entsprechend, zu helfen. Wir wissen es ja alle von uns selbst: Wenn wir uns wohl fühlen, sind wir weder wütend noch aggressiv. Sollte nicht die ganze Schule so eine Atmosphäre ausstrahlen?

Eine besondere Rolle spielt der Leistungsdruck. Er geht von der Schulatmosphäre, aber auch von Eltern aus.

Für Lehrer ist es Pflicht, Schulkinder zu bewerten, aber wie sie das tun, ist oft Ermessenssache. Zensurenzeugnisse, die sich leider noch immer großer Beliebtheit erfreuen, fördern Neid, Mißgunst und überflüssige, nicht gerechtfertigte Vergleiche. Sie erwecken den Anschein der Objektivität und sind doch alles andere als das. Es gibt viele wissenschaftliche Untersuchungen darüber, daß Zensuren nicht objektiv sind. So wurden nicht nur gleiche Aufsätze, sondern auch Mathematikarbeiten von verschiedenen Lehrern unabhängig voneinander mit Zensuren von „gut" bis „mangelhaft" bewertet. Familien mit mehreren Kindern kennen vielleicht das Spiel, daß jüngere Geschwister Arbeiten von älteren als ihre eigenen abgeben. Natürlich können sie auch dabei nicht automatisch mit den guten Zensuren der älteren rechnen!

In den Rahmenplänen, die für jedes Bundesland vorliegen, sind Bewertungsmaßstäbe für Zensuren angegeben. Meistens soll die mündliche Leistung mehr als 50 Prozent der Bewertung ausmachen. Was aber genau ist mündliche Leistung? Manche Kinder sind lebhaft und melden sich häufig, z. T. auch ohne nachzudenken. Sie reden eben gern. Andere sind still und zurückhaltend. Sie denken lange nach, auch darüber, was passieren könnte, wenn sie etwas Falsches sagen. Wie geht nun der Lehrer mit diesen Kindern um? Fragen Sie ruhig einmal nach!

Auf Elternabenden und in der Klasse geben Lehrer meistens zu Schuljahresbeginn ihre Bewertungsmaßstäbe bekannt. Das ist notwendig und fair. Ich rate Eltern, diese Kriterien mit ihren Kindern zu besprechen, um Enttäuschungen zu vermeiden.

Wenn Eltern häufig an den Zensuren ihrer Kinder herummäkeln und ihnen z. B. für ein „befriedigend" keine Anerkennung geben, erweisen sie ihren Kindern einen schlechten Dienst. Manche Eltern glauben, je strenger sie sind, desto besser wird das Kind in seinen Leistungen oder: je mehr sie verlangen, je mehr verlangt das Kind von sich. Angepaßte Kinder tun das sicherlich für eine Weile, sie verlieren dadurch jedoch die Lust am Lernen und die Fähigkeit, sich selber zu motivieren.

Freude am Arbeiten und Eigenmotivation sind es jedoch, die Menschen im Leben weiterbringen. Die elterliche Knute wirkt nur für eine gewisse Zeit und verhilft weder zu Selbständigkeit noch zu Verantwortungsbewußtsein. Druck verhindert auch Kreativität, eine Fähigkeit, die unsere Kinder zukünftig ganz dringend benötigen. Außerdem schmälert ein solches Eltern-Verhalten das Selbstwertgefühl erheblich, und Selbstwertgefühl ist das, was Kinder im Leben unbedingt brauchen.

Sinnvoll ist, daß Kinder ihren Eltern und Lehrern auch mal ein Zeugnis schreiben. Das ist eine gute Erfahrung, allerdings nicht vergleichbar mit Zeugnissen der Erwachsenen, denn Kinder sind auf ihre Eltern angewiesen, auf Gedeih und Verderb von ihnen abhängig. Sie werden deshalb die Zeugnisse immer „beschönigen".

Manchmal werden Kinder auch vor der Klasse lächerlich gemacht oder gedemütigt. Hierüber wütend zu sein ist mehr als berechtigt. In Schleswig-Holstein hat sich kürzlich eine ganze Klasse mit den hinter den Kindern stehenden Eltern geweigert, einen Unterricht voller Beleidigungen weiter hinzunehmen. Der Fall wurde an die Öffentlichkeit gebracht, und die Schüler traten in „Streik". Das Kultusministerium mußte eingreifen. Der Lehrer muß jetzt eine Fortbildung machen und unterrichtet die Klasse nicht mehr.

Ich finde es richtig, daß Eltern sich für ihre Kinder einsetzen und unhaltbare Zustände kritisieren.

Schlechte Zensuren bringen Kinder oft in Wut: meistens auf sich selber, daß sie nicht „besser" sind, oft aber auch auf die Bewertung. Eine Motivation ist eine schlechte Zensur selten, Aggressionsanlaß häufig.

Wut über schulische Verhältnisse sollte Anlaß sein, sich mit allen Betroffenen **zusammenzusetzen**. Diese Wut zeigt auf, daß „etwas faul ist im Staate" –, und zwar sehr faul. Wut sollte sich in Mut verwandeln, offen über

Mißstände zu reden und hartnäckig Veränderungen ein-
zufordern.

Wie können solche Veränderungen aussehen?

In die Hamburger Grundschule Grumbrechtstraße
gehen Kinder, die oft schon mit Entwicklungsverzöge-
rungen und Defiziten in die Schule kommen. Der engagierte Schulleiter trägt dem Rechnung, indem die Kinder regelmäßig Entspannungsphasen haben und
Yoga-Übungen durchführen. Indem ältere Schüler jün-
geren helfen, wird soziales Lernen eingeübt. Spielgeräte,
Hängematten, gesundes Frühstück und zahlreiche in-
teressante Angebote sorgen in den Pausen für eine entspannte Atmosphäre. Die Lehrer verstehen sich als Be-
rater und Freunde der Kinder, nicht als Gegner.

Weil ich an der Peter-Petersen-Schule in Berlin
Neukölln eine ähnlich positive Atmosphäre kennengelernt habe, weiß ich, daß menschenfreundliche Schulen
möglich sind. An solchen Schulen kommt Wut selten
vor, und wenn, darf sie ausgelebt werden, ohne anderen
weh zu tun.

Ich wünsche mir, daß diese Beispiele Schule machen!

In fast jeder Schule gibt es auch extrem auffällige, sehr
aggressive Kinder. Wenn Kinder sich so verhalten, sollten Erwachsene das als Hilfeschrei begreifen und Maßnahmen in die Wege leiten.

Ich werde Timo nie vergessen, einen Schüler von
mir, der im Unterricht ohne jeden Anlaß andere kniff,
trat und piesackte, wo er nur konnte. Meine Kollegin
und ich hatten Timo sehr gern, aber natürlich konnten
wir sein Verhalten nicht dulden. Einmal war es so
schlimm, daß wir Timos Mutter baten, ihn abzuholen.

Sie erschien voller Wut und hat ihren Sohn vor unseren Augen die Treppe hinuntergeschubst. Wir waren nicht nur entsetzt, sondern konnten nun auch ahnen, warum Timo sich so verhielt. Nie wieder ergriffen wir solche Maßnahmen. Die Schulleiterin klärte dann in einem Gespräch mit den Eltern ab, daß Timos Verbleib an der Schule von der Aufnahme einer Familientherapie abhinge. Leider ist Timo dann umgezogen, und ich habe nie wieder von ihm gehört. Dieser Vorfall ist jetzt fast zehn Jahre her. Aber während ich dieses Buch schreibe, lese ich über Betty Bell, das Mädchen, das als Kind tötete. Betty ermordete 1968 zwei Kleinkinder in England. Bezeichnenderweise heißt das Buch: „Schreie, die keiner hört", und die Autorin zeigt detailliert auf, wieviele Alarmsignale es gegeben hat – unter anderem auch in der Schule. Es gibt sehr viele Möglichkeiten, etwas für verstörte, aggressive Kinder zu tun. So weist z. B. auch Daniel Goleman in seinem Buch „Emotionale Intelligenz" nach, daß Hilfsprogramme in den USA für die Kinder, die daran teilnahmen, erfolgreich waren. Auch in der Bundesrepublik gibt es viele Beispiele für wirksame Maßnahmen gegen Gewalt an Schulen und anderswo. Allerdings kosten diese Maßnahmen Geld, Zeit, guten Willen und Engagement. Politiker und Finanzexperten sollten sich jedoch klarmachen, daß es wesentlich preisgünstiger ist, mit Kindern zu arbeiten, als Gefängnisse zu bauen und zu unterhalten.

Was kann denn nun konkret an Schulen getan werden? Auch dazu hat sich die Gewaltkommission geäußert:

Aggressionen werden abgebaut, wenn Kinder mehr Möglichkeit zum selbstbestimmten Arbeiten erhalten und sich stärker selber kontrollieren lernen. Dies setzt veränderte Unterrichtsmethoden voraus, die zwar ebenfalls schon seit vielen Jahrzehnten bekannt, aber noch immer viel zu selten praktiziert werden: Offener Unterricht, Wochenplanarbeit, selbstbestimmtes, projektorientiertes Lernen, differenzierte Angebote, sinnliche Erfahrungen und Erfolgserlebnisse für alle schaffen eine Atmosphäre des friedlichen Miteinanders. In Schulklassen, die so geführt werden, herrscht eine emsige, von Hilfsbereitschaft geprägte Atmosphäre. Jedes Kind arbeitet selbständig und oft mit anderen gemeinsam in einer kleinen Gruppe. Die Lehrerin unterrichtet nicht mehr frontal, sondern leitet an, selbständig zu lernen. Neue Inhalte werden in kleinen Gruppen von ihr erklärt, so entfällt das häufige Disziplinieren mit „Hört alle her!" „Seid alle still!" Und sie weiß genau, wer etwas noch nicht verstanden hat oder wer so schnell begreift, daß er weitere Schritte selbständig erarbeiten kann.

Meine Freundin Ursula Baumann unterrichtet in Berlin auf diese Weise, und wer möchte, darf bei ihr hospitieren. In dem Film „Lob des Fehlers" von Reinhard Kahl kann man ebenfalls Einblicke in diese Arbeit erhalten und sich per Video von der wohltuenden Atmosphäre überzeugen (s. Literaturverzeichnis).

Klare Regeln, die gemeinsam mit den Kindern erarbeitet werden, und eine freundliche Atmosphäre, die Angenommensein signalisiert, verhindern eindeutig und nachweisbar Aggressionen und machen für Schüler und Lehrer den täglichen Umgang leichter.

Wenn sich Lehrer, Eltern und Schüler gleichermaßen für ihre Schule verantwortlich fühlen, weil sie mitbestimmen und mitgestalten dürfen, gibt es weniger „Schulfrust" und mehr Menschlichkeit.

Wut-Spiele für Schulkinder

Geduldsfaden

„Mir reißt der Geduldsfaden" wird hier wörtlich genommen. Im Klassenraum deutlich sichtbar hängt ein Faden. Wer sich ärgert oder wütend ist, schlägt auf eine Trommel oder schüttelt eine Glocke und reißt dann den Faden ab.

Wenn ich wütend bin

Jedes Kind erhält ein Blatt auf dem steht:

Wenn ich wütend bin, würde ich am liebsten ...

Meistens tue ich statt dessen folgendes ...

Die Blätter werden in Vierergruppen vorgelesen und besprochen ...

Danach erfolgt ein Klassengespräch über folgende Fragen: Fällt es dir schwer, Wut zu zeigen? Warum? Wann versuchst du, deine Wut zu unterdrücken? Wie fühlst du dich, wenn du deine Wut nicht loswerden kannst? Hast du jemand, auf den du sehr wütend warst, schon einmal direkt gesagt, daß du dich über ihn ärgerst? Wie hast du das gemacht? Wie ging es euch beiden dann?

Was könnte man sonst noch tun?

Peng-Peng

Alle zeigen mit dem Finger in die Luft und rufen dabei schnell und laut: „Peng-Peng!" während sie selbst umfallen. Durch einen Schlag auf ein Triangel (oder ein anderes Instrument) stehen sie wieder auf.

Dieses Spiel ist erfrischend und für Kinder lustvoll.

Versteinern

Es gibt zwei oder drei „Fänger". Wer berührt wurde, wird „versteinert" und bleibt mit gegrätschten Beinen stehen. Kriecht ein Mitspieler durch die Beine hindurch, ist der Versteinerte gerettet und kann anderen zu Hilfe eilen.

Der schnelle Schrei

Die Klasse steht im Kreis. Jeder denkt sich leise einen Schrei aus. Ein Kind fängt an und gibt den Schrei nach links weiter. Wenn jeder diesen Schrei einmal kurz nachgemacht hat, ist der nächste mit seinem Schrei dran. Es geht um Schnelligkeit und Konzentration.

Voooo-ga

Dieses Spiel verstärkt den Gemeinschaftsgeist, z. B. zu Beginn einer Sportstunde.

Alle stehen im Kreis. Jetzt ballt reihum einer nach

125

dem anderen beide Fäuste und streckt sie horizontal zur Mitte und tönt dabei voooo. Wenn alle Hände in der Mitte sind, steigert sich der Ton. Wenn sich in der Mitte sehr viel Energie aufgebaut hat, greift man mit den Händen nach dieser imaginären Kraft und reißt gemeinsam Hände und Körper zurück und schreit ga.

Wutpapier

Es liegt immer ein Stapel alter Telefonbücher oder Zeitungen bereit. Daneben liegen dicke Filzer oder Wachsstifte. Wer wütend ist, reißt Papier ab, zerknüllt es und pfeffert es in einen dafür bestimmten Korb. Die Papiere dürfen auch – ohne Zensur – beschriftet werden.

Phantasiereisen

Reise in meinen Körper und zu meinen Gefühlen

Suche dir eine bequeme Haltung im Sitzen oder Liegen. Laß Kopf, Nacken und Wirbelsäule gerade sein, ohne dich anzustrengen. Stell dir vor, daß du mit jedem Ausatmen alle Gedanken und Sorgen aus deinem Körper herausatmen kannst und vielleicht schon jetzt spürst, wie wohltuend es ist, mit sich selbst im Einklang zu sein ... Spüre, wie dein Körper von der Erde getragen wird ... und wo dein Körper vom Atem bewegt wird ...
Und nun kannst du deine Aufmerksamkeit nach In-

nen wenden ... und bemerken, was du in deinem Körper empfindest ... eine neugierige, sanfte Überprüfung, wie es dir in deinem Körper geht ... Du kannst einfach interessiert sein an deinen Empfindungen, an deiner Energie ... an deiner Stimmung jetzt im Augenblick ... und vielleicht kannst du schon jetzt feststellen, welche Teile deines Körpers sich gerade wohl und entspannt fühlen ... betrachte dich selbst mit freundlichen, neugierigen Augen und finde heraus, wo dein Körper sich angespannt, eng oder müde fühlt ... Laß dein Bewußtsein einfach in deinem Körper herumwandern ... Vielleicht willst du in deinem Kopf anfangen, wie fühlt er sich von innen an ... und dann wandere weiter zu deinem Nacken, deinen Schultern ... und weiter hinab zu deinem Herzen, wie fühlt sich dein Herz heute an ... und deine Brust ... und dein Rücken ... und dein Bauch, deine Beine ... deine Füße, deine Zehen ... und du kannst tief in das Zentrum deines Körpers hineinatmen ... und nun kannst du deinen Körper bitten, dir zu zeigen, was er fühlt, indem du einfach neugierig bist, welche Antwort dir dein Körper gibt ... Laß dir zeigen, welche Gefühle du hast, und wo sie in deinem Körper wohnen ... Laß dich einfach von der Weisheit deines Körpers leiten und dir deine Gefühle zeigen ... vielleicht bemerkst du etwas Trauer um dein Herz herum ... oder ein erschrockenes Zittern im Bauch ... vielleicht spürst du auch Neugier und Freude so stark, daß sie aus dir herausplatzen möchten ... oder vielleicht entdeckst du Wut oder Ärger im Bauch ... oder in den Beinen ...

Was immer du spürst, nimm es einfach zur Kenntnis … bewerte nichts … gestatte dir, diese Empfindungen zu bemerken, auch wenn sie ganz zart und veränderlich sind … und du kannst wissen, daß du mutig und verständnisvoll, neugierig und mit den Augen eines Beobachters deine eigenen Gefühle bemerken darfst …

Und nun geh mit deiner Aufmerksamkeit da hin, wo du ein Gefühl bemerkst … laß dich überraschen, ob dieses Gefühl leicht oder schwer, groß oder klein ist, wie es aussieht und welche Farbe es hat … welche Töne es macht … wie es riecht … und wie es schmeckt … und du kannst deinen Körper bitten, dir alles zu zeigen, was du darüber wissen mußt … und vielleicht bemerkst du schon jetzt, daß du Vertrauen haben kannst, dich selbst besser kennenzulernen … auch die Dinge ganz tief in dir … daß du dir dafür Platz schaffst … so daß diese Gefühle sich in dir bewegen und verändern können …

In der Gewißheit, daß die Zeit kommt, in der du alles verstehst … und du kannst dankbar sein für deine Fähigkeit, deine Gefühle und Empfindungen zu bemerken, und du kannst deinen Mut daran erkennen … und stolz darauf sein, daß du etwas Gutes für dich getan hast …

Und dann fang allmählich an, wieder Arme und Beine zu bewegen … reck dich und streck dich und komm hierher zurück in den Raum … erfrischt und wach.

Wenn wir etwas Neues lernen oder vor einer schwierigen Prüfung stehen, dann können wir uns darauf vorbereiten, indem wir in unserer Vorstellung die neue Situation durchspielen. Deshalb mache es dir jetzt ganz bequem, fang früher oder später an, auf den Atem zu achten, wie er kommt und geht, ganz von allein ... und spüre, wie dein Körper sich jetzt anfühlt und wo dein Körper vom Atem bewegt wird ... und dann stell dir ein schönes Schwimmbad mit klarem Wasser an einem sonnigen Tag vor. Und sieh dort am Beckenrand zwei Sprungbretter, ein kleines und ein sehr hohes, und nachher wirst du leicht und zuversichtlich von diesem hohen Brett springen ...
Und nun stell dir vor, daß du unten am Sprungbrett stehst, und sieh die Leiter, die nach oben führt ... Fang langsam an, mit sicheren Griffen und Tritten hinaufzuklettern, eine Stufe zur Zeit ... spüre, wie mutig und stark du jetzt bist ... höher und noch höher ... und während du Stufe für Stufe nach oben steigst, sage dir immer wieder: Ich schaffe es ... ich schaffe es ... und du kannst spüren, wie du immer mehr Zuversicht entwickelst ... spüre, wie die Zuversicht in deinem Körper kribbelt und wie du mit jeder Stufe deutlicher weißt: Ich schaffe es ... Endlich bist du oben und trittst auf das Sprungbrett ... du gehst bis zum Rand des Brettes und überlegst, welche Art Sprung du machen möchtest ... und nun nimm eine Haltung ein, die zu diesem Sprung paßt, für den du dich entschieden hast, und sage noch ein-

129

mal zu dir selbst: Ich schaffe es! Und nun hol tief Luft und mach dich fertig zum Sprung ... und stell dir vor, wie du dich vom Sprungbrett ablöst, wie du langsam durch die Luft segelst, auf das Wasser zu ... und wie dich das Wasser auffängt ... und wie du auftauchst, siehst du die Sonne über dir ... und während du zum Beckenrand schwimmst, sagst du dir: Ich habe es geschafft! Ich bin mutig und stolz! Und laß dir ein weiches warmes Handtuch geben und dich von der Sonne verwöhnen ... und dann ist es Zeit, hierher zurückzukommen, indem du Hände und Füße bewegst, dich wieder reckst und streckst und erfrischt bist und wach.

Probleme lösen

Es gibt Probleme, für die brauchen wir Zeit und Ruhe, um sie zu lösen ... vielleicht im Traum ... und es spielt keine Rolle, wie wach oder müde du bei der folgenden Phantasiereise bist ...

Mach es dir wieder ganz bequem ... spüre, wie der Atem jetzt kommt und geht ... ganz von allein ... und wo der Körper vom Atem bewegt wird ... und dann denke an irgend ein Problem, das dich in letzter Zeit beschäftigt hat ... laß es vor deinem inneren Auge auftauchen und betrachte es ruhig und aufmerksam ... und nun schau dich um und suche eine Kiste oder einen Karton, in den du dein Problem packen kannst ... und mach dir keine Sorgen darum, ob das Problem zu schwer ist ... mach die Kiste einfach zu und stell dir vor, daß du eine kleine Straße entlanggehst und die Kiste dabei trägst ... und während du weiter nach vorn schaust, taucht da ein Berg auf, und du fängst an, diesen Berg hinaufzusteigen ... und wenn du Hilfe brauchst, dann schaff dir einfach einen Helfer, sei es ein Zauberstab oder ein Wägelchen, ein Mensch oder ein Esel, der dir helfen kann, mit deiner Kiste den Berg zu erklimmen ... und dann erreichst du den Gipfel und ruhst dich ein wenig aus ... laß deinen Körper ruhig sein und mach es dir ganz bequem ... und plötzlich bemerkst du eine freundliche, weise, gütige Person, die auf dich zukommt ... laß dich überraschen, ob du sie schon kennst oder gerade erst kennenlernst ... eine freundliche, weise, gütige Person ... und nun öffne deine Kiste und zeige diesem Menschen dein Problem ... und laß dich überraschen, welche Antwort sie für dich bereit hat ... und du hast jetzt Zeit, mit dieser weisen Person über dein Problem zu sprechen ... (lange Pause) und du kannst wissen, daß es völlig in Ordnung ist, die Antwort noch nicht ganz zu verstehen, später wirst du mehr darüber erfahren ... und nun danke der Person für ihre Hilfe ... und verabschiede dich in der Gewißheit, daß du sie immer wieder hier oben treffen kannst ... jetzt oder später ... und dann geh die kleine Straße wieder hinab ... und komm allmählich und in deinem eigenen Tempo hierher zurück in den Raum ... erfrischt und wach.

Ernährung, Wut und Aggression

An einer Hamburger Förderschule wurden einige Verhaltensprobleme allein dadurch gelöst, daß die Kinder eine andere Ernährung erhielten. Peter Struck berichtet in seinem Buch „Die Kunst der Erziehung" von diesem Modellversuch an einer Schule, an der nur ein einziges nicht fehlernährtes Kind zu finden war. Schlechte Ernährung macht nicht nur dick, sondern auch hyperaktiv und aggressiv. Das war schon 1992 in der Zeitschrift „Psychologie heute" zu lesen (Heft 5/92). In Amerika und Portugal wurden Versuche mit Insassen von Jugendgefängnissen durchgeführt, die einen deutlichen Zusammenhang von Ernährung und Aggressivität erkennen lassen. Zucker, zuviel phosphorhaltige Nahrung (z. B. durch zuviel Wurst), Fastfood, weißes Mehl, zuviele Milchprodukte, Cola und ähnliche zuckerhaltige Getränke und ein Mangel an Vitaminen und Mineralstoffen, wie er durch Genuß von frischem Obst und Gemüse sowie Vollkorngetreideprodukten vermieden wird, tun unseren Kindern nicht gut und fördern ein Verhalten, das dann Erwachsene stört. Wer aber ernährt denn Kinder, wenn nicht wir?

Wenn etwas verändert werden soll, dann muß auch etwas für gesunde Ernährung an Schulen und anderswo getan werden. Daß es durchaus Wege gibt, auch Eltern zum Umdenken in Sachen Ernährung zu bewegen, habe ich an der Peter-Petersen-Schule in Berlin selber miterlebt. Schon die Erstkläßler wurden mit einem gesunden Frühstücksbuffet empfangen und ihre Eltern grundlegend aufgeklärt. Alle Lehrer fühlten sich verpflichtet, an dieser Aufgabe mitzuwirken, und zwar mit Spaß und Genuß! Manchmal wird ja aus Phantasielosigkeit vorgegeben, gesunde Ernährung sei ein Leidensweg. Das Gegenteil ist der Fall!

Krankenkassen bieten ihre Hilfe an und zeigen, wie Vorschläge in die Tat umgesetzt werden können, und mancherorts gibt es Möglichkeiten, ABM-Kräfte für eine gesunde Ernährung an Schulen anzuheuern.

Ganz schön heftig: Pubertät

Ungefähr mit neun Jahren oder etwas später können wir bei unseren Kindern eine deutliche Tendenz zum Selbständigwerden und Abgrenzen beobachten. Dies stellt uns selbst, aber auch unsere Söhne und Töchter, die sich gleichzeitig ja auch noch nach Liebe und Geborgenheit sehnen, vor große Herausforderungen.

Während der Körper in den nächsten Jahren seine Kindlichkeit verliert, bleibt die Seele hinter dieser Entwicklung zurück und wird viel langsamer erwachsen. Ein Gefühl großer Verunsicherung und Zerissenheit breitet sich aus.

Für uns Eltern ist diese Phase so schwer, weil wir vielleicht unser Alter nicht wahrhaben wollen, die Vergeblichkeit mancher unserer Erziehungsvorstellungen einsehen müssen und verzweifelt die Einsamkeit wahrnehmen, die nach dem Weggang der Kinder auf uns zukommen wird.

Also Wut auf beiden Seiten! Die Heranwachsenden sind wütend, weil sie sich eingeengt und unverstanden, die Erwachsenen, weil sie sich schlecht behandelt, ausgenutzt und verlassen fühlen. Und manchmal fühlen sie sich auch als Versager.

Eltern tun gut daran, schon mit kleinen Kindern Regeln der Gesprächsführung, des Umgangs und des Problemlösens einzuführen, denn mit dreizehn oder vierzehn Jahren wollen Kinder auf diesem Gebiet keine Vorschriften erhalten. Was habe ich nur falsch gemacht? Fragen sich viele Eltern in diesen Jahren. Dabei geht es in erster Linie um eine Atmosphäre des Angenommenseins und der gegenseitigen Akzeptanz.

Wenn wir wütend sind, ist es zwecklos, ein „vernünftiges" Gespräch zu führen. Wir agieren dann auf einer kindlichen Ebene und sind rationalen Argumenten nicht zugänglich.

In diesem Fall ist es am besten, unserem jugendlichen Kontrahenten aus dem Weg zu gehen, einen Spaziergang zu machen oder sich in ein Zimmer zurückzuziehen.

Ist dies nicht möglich, sollten wir in der Lage sein, den Vorschlag zu machen, noch einmal darüber nachzudenken oder ein Gespräch zu einem späteren Zeitpunkt anzubieten.

Auch sollten sich Eltern mit jugendlichen Kindern ganz bewußt um sich selbst kümmern. Wenn wir mit Freundinnen reden, ein neues Hobby pflegen oder sogar noch eine neue Ausbildung anfangen, drehen sich unsere Gedanken nicht so im Kreis, und neue Horizonte tun sich auf, die uns helfen, unsere Kinder loszulassen.

Sehr hilfreich ist, sich in Auseinandersetzungen auf bestimmte Regeln zu einigen:

Jeder redet von sich selbst und seinen Gefühlen.

Schuldzuweisungen werden unterlassen.

Beleidigungen und Schimpfwörter gehören in kein vernünftiges Gespräch.

Jeder bemüht sich, im Hier und Heute zu bleiben, das

heißt, keine Vergehen von vor drei Tagen oder Wochen aufzutischen.

Verallgemeinerungen sollten vermieden werden.

Konkrete Verhaltensweisen benennen und, falls erwünscht, Alternativen aufzeigen.

Wir können nicht erwarten, daß unsere Kinder diese Regeln leichter einhalten als wir. Immer wieder wird es zu Verstößen kommen. Aber wir sind die Erwachsenen, und wir müssen das Vorbild sein!

Ich möchte zur Illustration zwei Beispiele nennen:

Die vierzehnjährige Jenny darf am Wochenende zu einer Fete. Ihr Vater verabredet mit ihr, sie pünktlich um zwölf abzuholen. Um Mitternacht wartet der Vater vergeblich auf sie.

Vater A: „Du bist ständig unpünktlich und hältst dich nicht an Vereinbarungen!"

Dieser Vater redet nicht von sich, macht Schuldzuweisungen und verallgemeinert. So muß sich die Tochter angegriffen fühlen und wird vermutlich trotzig reagieren.

Vater B: „Gestern war ich sehr enttäuscht. Wir hatten ausgemacht, daß du um 12 Uhr vor dem Haus stehst. Ich habe vergeblich gewartet und wurde immer wütender. Schließlich bekam ich Angst. Ich möchte so etwas nicht noch einmal erleben. Wie kann ich mich zukünftig wieder auf dich verlassen?"

Vater B. redet von seinen Gefühlen und gibt seiner Tochter Gelegenheit, nachzudenken und Vorschläge zu machen.

In der Phase der Pubertät sinken auch häufig die Schulleistungen der Kinder. Der Körper macht einen geradezu wunderbaren Umwandlungsprozeß durch, der allerdings auch mit heftigen Turbulenzen und Disharmonien einhergeht. Es ist deshalb nicht verwunderlich, daß manche Kinder nicht mehr die Konzentration und Geistesgegenwart aufbringen, die sie vorher hatten.

Setzen Sie sich mit Ihrem Kind gemeinsam hin und überlegen in einer freundlichen Atmosphäre, was getan werden kann, wenn sie ein „Abrutschen" befürchten.

„Tina, deine Englisch-Zensur gefällt dir bestimmt auch nicht. Ich mache mir Sorgen um deine Versetzung. Hast du eine Idee, was wir da tun können?"

Manchmal brauchen Kinder in dieser Phase eine klare Orientierung. Sie müssen dann vielleicht eine von drei Sportarten aufgeben oder dürfen nur noch Samstags und nicht Freitag und Sonnabend „ausgehen."

Zu viele Verbote schaffen nur Wut, wenn aber Veränderungen Anlaß zu Sorgen geben, muß eine gemeinsame Beratung stattfinden. Und nicht selten helfen klare Verbote den Kindern in dieser Phase auch, schwierige Entscheidungen nicht allein lösen zu müssen. Es ist besser, auf die strengen Eltern schimpfen zu können, als vor der Clique zugeben zu müssen, daß man den Horrorfilm eigentlich gar nicht sehen möchte oder daß man sich für die Disko noch viel zu jung fühlt.

Sehr hilfreich ist es immer, über die eigene Pubertät nachzudenken. Sie verlief sicherlich ganz anders als die der eigenen Kinder, aber jeder kann sich bestimmt noch an das Lebensgefühl erinnern, an die eigenen Sorgen und Nöte.

Ehrliche Geschichten aus dieser Zeit den Kindern zu erzählen, erleichtert diese Phase und hilft, einander zu verstehen.

Beim Umgang mit Drogen ist die elterliche Orientierung besonders wichtig.

Wenn Eltern selbst von Drogen wie Kaffee, Nikotin und Alkohol abhängig sind, halte ich es für sehr wichtig, offen darüber zu reden und die eigene Leidensgeschichte zu erzählen. Ich habe das in bezug auf Kaffee getan, denn ich finde notwendig, auch vor solchen legalen Drogen ehrlich und ohne moralischen Zeigefinger zu warnen. Seitdem ich das getan habe, schaffe ich es auch eher, weniger Kaffee zu trinken.

Die Begründung: „Ich darf das, aber du bist noch zu klein" ist weder überzeugend noch besonders stichhaltig. Natürlich möchte jedes Kind gern „groß" sein und etwas ausprobieren.

Ich fand es immer absolut lächerlich, wenn im Kinderheim Jugendlichen von Erziehern die Taschen nach Zigaretten abgesucht wurden, die sie nicht rauchen durften, die gleichen Erzieher aber ständig „qualmten."

Nicht anders ist es mit Alkohol oder Haschisch. Es gibt heute erschreckend viele Eltern, die diese Stoffe regelmäßig konsumieren und es selbst nicht problematisch finden. Von etwas abhängig zu sein, ist jedoch immer problematisch, weil es unsere natürlichen Wahlmöglichkeiten einschränkt, unseren Körper vergiftet und Gefühle verändert. Wut vergrößert sich unter Alkoholeinfluß genauso wie Trauer. Oft werden Drogen ja gerade genommen, um Gefühle zu betäuben. Auf diese

Weise ist eine Selbstheilung unmöglich. Unser Körper weiß ja, wie er mit Wut oder Trauer umgehen muß, wir müssen es aber zulassen und ihm gestatten.

Sicherlich macht jeder Jugendliche irgendwann einmal von Drogen Gebrauch. Entscheidend ist die Tatsache, wie er von den Eltern darauf vorbereitet wurde.

Wenn so viele Eltern heute Angst vor Drogen haben, die ihre Kinder möglicherweise konsumieren, dann hat das immer auch mit ihnen selbst zu tun.

Das wirksamste und beste Mittel gegen Sucht ist ein gutes Selbstwertgefühl und die Bereitschaft, dem Kind bei der Suche nach Sinn und Weg im Leben zu helfen.

Neulich sagte mir eine erfahrene Lehrerin, niemand könne heute sein Kind wirksam vor Drogen schützen. Sie würden ja schon auf Spielplätzen angeboten. Ich bin da entschieden anderer Meinung. Ein Kind, das zum Beispiel Vertrauen zu seinen Eltern hat und Strafen nie befürchten muß, wird erzählen, wenn es Drogen angeboten bekam oder Erfahrungen damit gemacht hat.

Wenn wir unsere Kinder spüren lassen: „Du bist wertvoll, und ich liebe dich, unabhängig von dem, was du tust und leistest", müssen wir nichts wirklich befürchten. Das Gefühl, „ich bin immer für dich da" ist ein wirksamer Schutz vor dem „Abrutschen" jeglicher Art.

Beachten sollten Eltern auch, daß gerade Kinder in der Pubertät geneigt sind, die Wut gegen sich selbst zu richten. In dieser Lebensphase, wo sie zwischen Klein- und Groß-Sein schwanken und hin und hergerissen sind, ihren Wert, Sinn und ihre Lebensaufgabe herauszufinden, kommt es oft zu Enttäuschungen und Versagensängsten. Manchmal sind Kinder oder Jugendliche so verzweifelt, daß sie sich umbringen wollen – und das sollten Eltern unbedingt ernst nehmen.

Verglichen mit anderen Lebensphasen ist die Selbstmordgefahr in diesem Alter tatsächlich hoch, insbesondere bei Jungen.

Wenn Sie bei Ihrem Kind eine tiefe Verzweiflung spüren, z. B. nach dem ersten Liebeskummer, und Sie das Gefühl haben, daß Gespräche nicht zustande kommen oder keine Erleichterung bringen, lassen Sie sich unbedingt von Therapeuten beraten.

Was Kinder in der Pubertät besonders wütend macht

Trennung der Eltern

Nach meinen Beobachtungen trifft es Kinder in der Pubertät besonders schwer, wenn ihre Eltern sich trennen. Das ist erklärlich, denn gerade jetzt brauchen Kinder beide Eltern besonders dringend: den gleichgeschlechtlichen Elternteil, um sich daran zu orientieren und auch abzugrenzen, den gegengeschlechtlichen, um sich im Umgang mit dem anderen Geschlecht zu erfahren, zu testen und zu erproben. Das junge Mädchen fragt sich: Wie ist es, eine Frau zu sein? Was mag ich an meiner Mutter, und was stößt mich ab? Wie möchte ich selbst als Frau leben? Wie kann ich mein Leben gestalten? Was muß ich vermeiden? Was sollte ich anstreben?

Der Junge fragt entsprechend, nur hat er meistens viel weniger Chancen, seinen Vater zu beobachten und mit ihm zu reden. Denn auch in einer „normalen" Familie ist ja der Vater viel seltener zu Hause.

Trennen sich die Eltern nun, wird dem Jugendlichen das Vor-Bild gänzlich entzogen. Er fühlt sich verletzt, enttäuscht und wütend. Oft auch schuldig. „Habe ich durch meine frechen Antworten oder mein Schulversagen oder ... nicht auch dazu beigetragen, daß sich meine Eltern streiten mußten?"

Unbewußt entwickeln Jugendliche auch manchmal Probleme in der Schule oder psychosomatische Störungen, um eine Trennung der Eltern zu verhindern. „Denn wenn sie sich auf ihr Kind konzentrieren müssen, werden sie ja zusammenbleiben" denken sie unbewußt.

Nun bin ich keineswegs der Meinung, daß Eltern auf Gedeih und Verderb zusammenbleiben sollten, wenn sie sich nicht mehr verstehen.

Trennen Sie sich jedoch während der Pubertät ihrer Kinder, sollten Sie sich der Probleme bewußt sein und den ernstzunehmenden Gefahren erwachsen gegenübertreten.

Ich möchte im folgenden einige Punkte benennen, die mir besonders wichtig erscheinen.

Mißbrauchen Sie Ihre Kinder nicht als „Mülleimer" für Ihre Eheprobleme. Machen Sie also den Partner nicht vor Ihrem Kind schlecht, und sparen Sie sich Einzelheiten, wenn Sie eine Trennung für unvermeidlich halten. Vergessen Sie nie, daß Ihr Kind immer ein Teil von Ihnen beiden bleibt – wenn Sie Ihren Partner mißachten, muß Ihr Kind auch einen Teil von sich selbst mißachten.

Zwingen Sie Ihrem Kind keine Gefühle auf, sondern lassen Sie ihm die eigenen Gefühle. Plötzliche heftige Ablehnung eines Elternteils sollte genauso „erlaubt" sein wie starkes Anklammern. Wenn Sie Ihr Kind lieben, respektieren Sie seine Gefühle, und je mehr Achtung das Kind auf diese Weise erfährt, desto eher wird es sich auch wieder öffnen und zuwenden.

Erhalten Sie Ihrem Kind, wenn irgend möglich, die Beziehung zu seinem Vater (bzw. Mutter, wenn das Kind beim Vater lebt).

Jungen, die allein mit ihrer Mutter aufwachsen, bekommen oft gerade in der Pubertät große Probleme, weil ihnen der Vater fehlt. Nicht immer hilft es, aus Pflichtbewußtsein eine Beziehung herzustellen, wenn der Vater seiner Aufgabe nicht gewachsen ist. Leider ist das erschreckend häufig der Fall. Jungen werden dann zum zweiten Mal schwer enttäuscht, genauso wie der Vater bereits von seinem Vater enttäuscht wurde. Männergruppen, Beratungsstellen für Männer, Gruppen für alleinerziehende Väter, männliche Erzieher, Lehrer und Bücher, die diese Themen behandeln (s. Biddulph und Pollack in der Literaturliste) können auf lange Sicht helfen, eine neue Väterlichkeit zu verankern. Vorläufig sind viele Jungen einfach schlecht dran.

Gesagt werden muß auch, daß es vorkommt, daß gerade heranwachsende Mädchen ihre Mütter zur Trennung vom Vater auffordern. Sie haben noch die Kraft und Energie und auch die Wut mitzuteilen: bis hierher – und nicht weiter.

Neue Partner

Neue Partner sind **Ihre** Partner, und kein Ersatz für die weggegangene Mutter oder den weggegangenen Vater. Erlauben Sie Ihrem Kind die Gefühle, die es in bezug auf den neuen Partner hat. Wären Sie nicht auch wütend, wenn man Ihnen ungefragt jemand vor die Nase setzt, der dann noch bestimmen will? Wichtig ist, daß neue Partner sich weitgehend aus der Erziehung des Kindes heraushalten. Natürlich müssen im Alltag Regeln gemeinsam vereinbart und eingehalten werden. Bei wichtigen Entscheidungen hat jedoch die Mutter oder der Vater das letzte Wort, und der neue Partner tut gut daran, sich nicht einzumischen.

Sehr hilfreich sind die therapeutischen Geschichten von Linde von Keyserlingk und Doris Brett, um dem Kind zu helfen, die Gefühle, die bei Trennung, Scheidung und neuer Partnerwahl entstehen, zu verarbeiten.

Mißachtung von Freunden

In der Pubertät spielen Freunde für Kinder eine besonders große Rolle. Wenn Sie sich an Ihre Jugend zurückerinnern, werden Sie bestätigen, was auch ich erfahren habe: Ohne meine beste Freundin hätte ich diese Lebensphase fast nicht überlebt. Freunde helfen, unterstützen, regen zum Lachen und Weinen an, ermöglichen Lernerfahrungen und neue Perspektiven.

Natürlich machen Jugendliche mit Freunden und in der Clique auch mehr Gefährliches mit. Früher gab es Initiationsriten, die immer auch Mutproben enthielten. Weil heutigen Kindern das fehlt, schaffen sie sich eigene Rituale, die ihnen helfen, ihre Kräfte zu erspüren, ihre extremen Gefühle auszukosten und ganz neue Erfahrungen zu sammeln.

Vielen Eltern macht das angst.

Aber hätten Sie sich früher von Ihren Eltern von bestimmten Vorhaben abbringen lassen?

Natürlich muß ich einer Vierzehnjährigen nicht erlauben, mit ihrem neuen Freund nach Italien zu fahren oder zu zelten. Daß sie aber dennoch Lust hat, etwas ganz Eigenes zu erproben, werde ich nicht verhindern können.

Wenn wir die Freunde unserer Kinder achten, lernen sie leichter, Menschen zu prüfen und selbständig zu entscheiden, was ihnen gut tut und was nicht.

Sie werden dann auch eher Vertrauen zu uns haben und uns um Rat fragen, wenn sie nicht mehr weiter wissen.

Hierzu ein Beispiel:

Tina ist sechszehn und ihr Freund achtzehn. Eines Tages sagt sie zu ihrer Mutter: „Mama, Leo und ich haben darüber gesprochen, daß ich, wenn du einverstanden bist, am Wochenende drüben bei ihm schlafe. Ist das okay für dich?"

Ein Kind, das so fragt, zeigt damit nicht nur, daß es Lust hat, mit dem Freund zu schlafen, sondern auch, daß es möchte, daß die Mutter das weiß. Das ist ein großer Vertrauensbeweis, denn natürlich gäbe es viele Möglichkeiten, auf andere Art mit ihm zu schlafen – heimlich.

Dieses Kind braucht jetzt also keine Erziehung, keine Vorträge über Moral oder Verhütungsmethoden, Aids, oder falsche Freunde – sondern eine Rückmeldung, *die genau so offen und persönlich sein kann wie die Aussage der Tochter. Die Mutter könnte z. B. antworten: „Weißt du, ehrlich gesagt weiß ich gar nicht, was ich sagen soll, eigentlich möchte ich nein sagen ... aber du bist ja sechszehn und weißt selbst am besten, was für dich gut ist. Ich mag diesen Leo ehrlich gesagt nicht besonders gern, aber ich weiß ja, wie lieb du ihn hast ... Kann ich noch ein bißchen darüber nachdenken und dir dann eine Antwort geben?"*

Auf diese Weise erhält die Tochter zwar noch keine Antwort, aber eine offene und ehrliche Reaktion, keine Belehrung und keine Moralpredigt.

Auch die folgende Reaktion wäre denkbar:

„Tina, das kann ich dir sagen: Ich meine: tu's nicht. Mein Herz sagt mir, daß Leo nicht der Junge ist, mit dem ich dich gern zusammensehe. Ich weiß, daß du ihn magst, und ich sage dir das nicht, um etwas zu verbieten. Aber du hast mich um meine Meinung gefragt – und die ist eindeutig: nein. "

Enttäuschte Liebe

Bei vielen Kindern kommt das Selbstwertgefühl in dieser Lebensphase immer wieder ins Schwanken. Pickel, das „falsche" Gewicht, Wachstumsschübe und Hormonumstellungen lassen manche Kinder immer wieder aus dem Gleichgewicht geraten.

Wenn sie dann noch zurückgewiesen werden von jemand, in den sie sich verliebten, ist das besonders schwer zu ertragen.

Die Wut, die durch solche Zurückweisung entsteht, richtet sich oft gegen sich selbst, wird zu einer großen Traurigkeit.

Wir können unseren Kindern diese Erfahrung nicht abnehmen.

Wir können aber helfend zur Seite stehen, sie stumm umarmen, wenn sie das brauchen, und uns vor falschen Worten oder ungefragten Ratschlägen hüten.

Wenn wir schweigen und unsere Liebe und Unterstützung signalisieren, wird es vielleicht möglich, daß unsere Tochter ihr Herz ausschüttet oder unser Sohn sich ausweint.

Bohrende Fragen, bissige Bemerkungen oder taktlose Worte können in dieser Lebensphase besonders verletzend sein und im Extremfall sogar zu Selbstmord führen. Wahre persönliche Geschichten von eigenen Enttäuschungen können vielleicht helfen, den eigenen Wert wieder zu entdecken und zu sich selbst zurückzufinden.

Ungerechtigkeit

Kinder zwischen zehn und achtzehn sind auf der Suche nach ihrem eigenen Weg, ihrer eigenen Moral. Sie prüfen die Welt der Erwachsenen sehr kritisch und stoßen überall auf Fehler und Ungerechtigkeit. Es ist das Privileg und die Aufgabe der Jugend, den Finger auf die wunden Stellen im Leben der Erwachsenen zu legen. Wie sonst sollte sich die Welt zum Guten verändern?

Viele Jugendliche diskutieren ausgesprochen gern und kontrovers mit ihren Eltern oder anderen Erwachsenen – nur so können sie ja allmählich zu eigenen Überzeugungen und Weltsichten führen. Ich habe solche Diskussionen als sehr positiv erlebt und möchte auch die kritischen Worte meiner heranwachsenden Söhne nicht missen. Allerdings finde ich es auch sehr wohltuend und berechtigt, meine eigene Meinung zu vertreten und auch immer wieder zu überprüfen.

„Wer in die Fußstapfen anderer tritt, hinterläßt keine eigenen Spuren", heißt es in einem Spruch. Unsere Welt ist nicht gerecht, jedenfalls ist es schwer, Gerechtigkeit zu erkennen. Wenn Jugendliche darüber wütend werden und auf ihre Weise versuchen, etwas zu verändern, kann ich mich nur darüber freuen. Wie schrecklich wäre es, wenn die nachfolgende Generation aus völlig angepaßten Jasagern bestünde!

Unterdrückung von Interessen und Bedürfnissen

Mit elf oder zwölf Jahren melden viele Kinder ganz von selbst eigene Interessen an. Sie wollen auf einmal ein bestimmtes Instrument lernen, eine neue Sportart kennenlernen oder entdecken ein bestimmtes Hobby. Darüber können Eltern sich freuen, auch wenn es vielleicht mit Kosten verbunden ist.

Es macht Jugendliche wütend, wenn sie dann Verbote hören oder nicht ernst genommen werden. Natürlich können Eltern nicht jeden Wunsch erfüllen und haben das Recht, sich Zeichen für die ernste Absicht zu wünschen.

Wenn ein fester Wille da ist, wird es aber auch immer einen Weg geben.

So wollte unser Sohn auf einmal wieder Schlagzeug spielen, nachdem wir sein teures Drumset bereits vor Jahren verkauft hatten, weil er keinerlei Interesse mehr zeigte. Wir prüften einige Wochen, ob es ihm ernst war, erkundigten uns dann nach Unterricht und Preisen. Schließlich gaben wir eine Anzeige auf und erhielten sehr günstig ein komplettes gebrauchtes Schlagzeug von einem älteren Herrn, der sich freute, das sich jemand dafür interessierte. Noch bevor der Unterricht begann, kramte unser Sohn seine alten Kenntnisse hervor und spielte täglich mindestens eine Stunde mit offensichtlicher Freude.

Ganz empfindlich reagieren Teenager auch auf strikte Verbote. Ich glaube schon, daß Eltern durchaus verbieten dürfen, was andere erlauben. Dennoch kommt es oft auch auf die Art und Weise an, wie man miteinander umgeht und redet. Wenn man sich gesprächsbereit zeigt und offen für Kritik und Selbstkritik ist, wird man manchmal dem Kind nachgeben, weil man einsieht, sich getäuscht zu haben, manchmal jedoch auch das Verbot bekräftigen.

Einschränkung der Entscheidungsfreiheit

Ich finde es sehr wichtig, daß Jugendliche sehr viel selbst entscheiden und verantworten dürfen oder müssen. So haben wir zum Beispiel von Freunden die Anregung übernommen, daß unsere Kinder, wenn sie das wünschen, mehr Taschengeld bekommen und sich dafür ihre Kleidung selber kaufen. Außerdem haben sie ihre schmutzige Wäsche in einem Behälter in ihrem Zimmer und waschen sie selbst.

Auf diese Weise haben wir nie Ärger mit Lieblingsjeans, die in der Wäsche sind oder mit Pullovern, die nicht gefallen oder kratzen.

Außerdem kann man sich bei uns im Haushalt und im Garten immer Geld verdienen.

Ich finde es auch wichtig, daß Jugendliche ihre Frisur, die Art ihrer Kleidung und ihr gesamtes „Outfit" selbst bestimmen dürfen. Wie sollen sie sonst ihren Weg in die Selbständigkeit finden?

„Ätzend" ist, wenn Eltern an ihren Kindern herummäkeln und sie dauernd kritisieren. Warum machen Sie nicht ein Kompliment und sagen, welchen Pullover sie besonders an ihrem Sohn mögen und welches Kleid ihrer Tochter hervorragend steht?

Wie wir unseren Kindern
in der Pubertät helfen können

Ehrlichkeit

Wenn Eltern ehrlich über ihre Gefühle reden, tun sie ihren Kindern damit einen guten Dienst und geben ihnen ein Beispiel. Wir sollten unsere Kinder nicht mit unseren Sorgen belasten, sie haben ja selber genug Probleme zu lösen, aber sie dürfen wissen, wie wir uns fühlen. Wenn wir uns vielleicht einmal ganz verzweifelt und ratlos fühlen, sollten wir uns Hilfe von Erwachsenen holen und unseren Kindern das auch vermitteln. Denn Hilfe gibt es immer, auch wenn wir nicht mehr weiter wissen.

Erwachsene, die ihre Probleme angehen, geben Kindern ein gutes Beispiel.

Überfordert sind Jugendliche, wenn sie für ihre Eltern einspringen sollen und wie Erwachsene handeln müssen.

So mußte die fünfzehnjährige Maren den Arzt anrufen, wenn ihre Mutter im Alkoholrausch auf dem Sofa lag. Sie hat viele Jahre gebraucht, um sich von diesen traumatischen Erfahrungen zu befreien, und erst mit dreißig ist sie in der Lage, mir ihre Geschichte zu erzählen.

Ehrlich ist auch, wenn wir unsere Meinung zu politischen Ereignissen sagen, von unseren Hoffnungen und Ängsten reden. Wenn wir unsere „Tricks" verraten, mit denen wir das Leben meistern, unsere Übungen und Gebete.

Auch wenn ihre Kinder jetzt vielleicht nur halb zuhören oder lächeln: Nach vielen Jahren werden sie sich an ihre Worte erinnern.

Gerechtigkeit

Viele Jugendliche haben Ideen und Vorschläge für eine gerechtere Welt oder zur Lösung von Konflikten. Warum werden sie so selten oder gar nicht gehört?

Kinder sind heute in einem nie dagewesenen Maß mit den Problemen der Welt konfrontiert. Aber wo dürfen sie mitreden und mitbestimmen?

Wenigstens in der Familie und hoffentlich auch in der Schule sollte ihre Meinung gefragt sein, sollten sie Vorschläge zu mehr Gerechtigkeit und gerechten Regeln machen dürfen. In einem Spruch heißt es:

> **Erkläre mir, und ich werde vergessen;**
> **Zeige mir, und ich werde mich erinnern;**
> **Beteilige mich, und ich werde verstehen.**

Erst wenn wir in unseren Familien Gerechtigkeit gemeinsam zu leben versuchen, können wir ein Beispiel abgeben und vielleicht zur „Keimzelle" werden.

Ein wunderschönes Buch ist in diesem Zusammenhang „König Hänschen" von Janosz Korczak. Seine Ideen von einer Kinderrepublik sind leider bis heute kaum verwirklicht. Überall, wo man versucht, Kindern und Jugendlichen Verantwortung zu übertragen und sie so an Gerechtigkeit mitwirken zu lassen, stellen sich Erfolge ein. So sind zum Beispiel in vielen Städten Zukunftswerkstätten mit Kindern und Jugendlichen zur Gestaltung ihrer Einrichtungen durchgeführt worden. Und es gibt auch Schulen, in denen eine lebendige Demokratie die gemeinsamen Regeln bestimmt und so für Gerechtigkeit sorgt.

Bücher und Filme mit guten Geschichten

Es lohnt sich, sich in Büchereien beraten zu lassen: Es gibt für jeden Jugendlichen Bücher, die ihn interessieren. Während die einen mehr Biographien oder Romane lesen, studieren andere Sachbücher oder Fachzeitschriften. In einer Zeit, wo sich die Kinder auf die Suche nach eigenen Werten und Ideen machen, brauchen sie Inspiration und vor allem Vorbilder und Anregungen. Auch gute Filme, die man eher in Programmkinos als im Fernsehen finden wird, können entscheidende Impulse für den eigenen Lebensweg geben.

Vorleseabende, an denen sich die ganze Familie beteiligt, können in Familien zu unvergeßlichen Erlebnissen führen. Ich finde es ungeheuer wohltuend, zum Beispiel die Artus-Sage, erzählt von Rosemary Sutcliff, in abendlicher Runde vorzulesen. Und auch wenn ich das nun schon viermal getan habe, entdecke ich immer wieder etwas Neues.

Geschichten – seien sie nun im Film oder in Worten präsent –, legen einen ungeheuren Schatz an, ein Wissen, auf das man in späteren Lebenssituationen und Krisen immer wieder zurückgreifen kann.

Erlauben Sie ein Hobby, das Ihr Kind sich schon lange wünscht

Wenn Ihre Tochter sich schon immer Reitstunden gewünscht hat und ihr Sohn unbedingt einen Hund will – erlauben Sie das jetzt. Ein neues Hobby stärkt nicht nur das Selbstwertgefühl, sondern fördert auch Verantwortung und ist das beste Mittel, um eine „Null-bock-Mentalität" zu verhindern. Wer sich für etwas interessiert, entdeckt seine Neigungen und Fähigkeiten und seine Aufgaben in dieser Welt. Und genau das ist es, was Menschen glücklich macht und was Jugendliche in dieser Zeit sehnlichst wünschen: ihren Platz zu finden in der Gemeinschaft und ihren eigenen Weg zu entdecken.

> **Achten Sie bewußt darauf, Ihrem Kind täglich ein kleines Kompliment zu machen und auf alle erdenkliche Weise sein Selbstwertgefühl zu stärken. Es gibt jeden Tag mindestens eine Gelegenheit, sich etwas Wohltuendes zu sagen. Ergreifen wir sie!**

Signalisieren Sie Bereitschaft
zum Zuhören und Zeithaben

Manche Kinder fordern uns täglich heraus und wissen genau, was sie brauchen und wünschen. Andere sagen kaum etwas und haben wenig Ansprüche. Gerade diese stillen Kinder brauchen unsere Hilfsbereitschaft. Ich habe die Erfahrung gemacht, daß es solchen Kindern gut tut, sich einfach schweigend in ihre Nähe zu setzen. Manchmal erzählen sie dann etwas, manchmal auch nicht. Wir müssen beides akzeptieren. „Ich bin immer für dich da" ist ein Gefühl, das sich weniger durch große Worte als durch kleine Taten vermittelt. Ein über den Rücken streichen, ein aufmunterndes Lächeln, wenige freundliche Worte reichen oft schon, um glaubhaft zu machen, daß es für den Drahtseilakt des Lebens ein Netz gibt, das immer hält.

Eine Reise nur für uns beide

Erlebnisse in freier Natur sind ein ganz besonderer Schatz, nicht nur für Kinder und Jugendliche. Weil gerade Väter und Söhne in der Regel wenig Zeit füreinander haben, möchte ich besonders Väter ermuntern, einmal mit ihrem heranwachsenden Sohn so eine „Abenteuerfahrt" zu unternehmen. Ich denke an Rad- oder Wandertouren, an Kanu- oder Paddelbootfahrten, auf denen gemeinsame Schwierigkeiten und Abenteuer zu bestehen sind.

„Besonders gern habe ich immer jeweils mit einem meiner Kinder allein in freier Natur gezeltet. Die Er-

fahrungen, die wir bei solchen Anlässen innerhalb von ein oder zwei Tagen machen, können unserer Beziehung eine völlig neue Note verleihen, die unser ganzes weiteres Leben lang andauern kann. Nichts erinnert uns so nachdrücklich an die Grundlagen des Lebens und des Überlebens, an das, was wirklich wichtig ist, wie ein paar Tage in freier Natur", schreibt Jon Kabat-Zinn sehr treffend (Kabat-Zinn S. 249).

Phantasiereisen

Phantasiereisen können Jugendlichen helfen, zu sich selbst zu finden, sich wertzuschätzen und Probleme auf ganz neue Art zu lösen. Wenn Ihr Kind Lust dazu hat, können Sie ihm die folgenden oder andere Phantasiereisen anbieten:

Angst und Streß überwinden

„Setz oder leg dich bequem hin und spüre, wie die Erde dich trägt ... Spüre deinen Körper, wo er Kontakt zum Boden hat, und deinen Atem, wie er kommt und geht, ganz von allein ... stell dir vor, du kannst mit jedem Ausatmen noch ein wenig mehr loslassen, alle Gedanken, alle Sorgen, einfach ausatmen ...
Und nun stell dir vor, daß du von einem hellen, warmen Licht umgeben bist ... Atme dieses Licht ein, bis dein Körper ganz damit angefüllt ist ... und es spielt keine Rolle, ob dir das schon jetzt oder erst

später gelingt, dich ganz mit diesem hellen, warmen Licht anzufüllen ... Atme Erschöpfung und Anspannung aus, atme Wohlbehagen ein ... Du kannst ganz leise ein paar gute, wohltuende Sätze zu dir sagen. Vielleicht: „Ich bin liebenswert, so wie ich bin" oder „Ich mag mich selbst und andere mögen mich" ... wie fühlt sich das an? Vielleicht willst du noch etwas anderes zu dir sagen, was sich gut anfühlt und du gut gebrauchen kannst ...

Und dann, ganz allmählich und in deinem eigenen Tempo, fang wieder an, Hände und Füße zu bewegen, reck dich und streck dich und komm hierher zurück, entspannt und wach ...

Die Vergangenheit begraben

Manchmal spüren wir belastende Dinge in unserer Erinnerung. Dann fühlen wir uns schlecht und wie gelähmt. Ich möchte dir einen Weg zeigen, schwierige Dinge aus der Vergangenheit zur Ruhe kommen zu lassen. Deshalb kannst du es dir jetzt ganz bequem machen, sitzen oder liegen, und einfach anfangen, auf den Atem zu achten, wie er kommt und geht, ganz von allein ...

Spüre, wie sich dein Körper jetzt anfühlt und wo der Körper vom Atem bewegt wird ...

Und dann stell dir vor, daß du draußen in der Natur bist und einen kleinen Weg entlanggehst ... auf diesem Weg liegen immer wieder größere Steine, aber du räumst sie beiseite ... Schließlich gelangst du zu

157

einem großen Baum. Schau dir diesen Baum an ...
und dann setz dich unter ihn. Spüre den festen
Stamm in deinem Rücken ... seine Ruhe und Kraft ...
Am Boden findest du ein Blatt. Nimm dieses Blatt auf
und schreibe alles darauf, was du loswerden möchtest
... alles, was dich schmerzt ... alles was du bedauerst
und bereust ... schreibe einfach alles auf ...
Und nun kannst du ein kleines Loch in die Erde gra-
ben, und das Blatt dort hineinlegen und die Vergangenheit begraben. Vielleicht ist die Vergangenheit
jetzt noch lebendig, aber langsam wird sie sich auf-
lösen ... du kannst jetzt Erde über das Blatt schütten
... und dann dreh dich um und geh den Weg zurück,
und vielleicht entdeckst du schon jetzt irgend etwas
Neues ...
Und dann komm hierher zurück in den Raum, bewege Hände und Füße, und sei wieder hier, erfrischt
und wach.

Einführung in Gebet und Meditation

Eltern sind, wie alle Menschen, nicht frei von
Schwächen und sogenannten Fehlern. Ich finde es daher
wichtig, daß wir uns in Demut üben und nicht so tun,
als wären wir unfehlbar. Demut bedeutet für mich, anzuerkennen, daß es gute, starke und verläßliche Mächte
gibt, die wir um Hilfe bitten und an die wir uns wenden
dürfen. Dabei spielt es keine Rolle, ob wir dies in Form
von Gebeten, also mit Worten, oder in Form von Meditation, in der Stille, tun.

Ich glaube, daß wir uns selbst und unseren Kindern einen guten Dienst erweisen, wenn wir ihnen mitteilen, wie wir selbst beten, was sich für uns als gut erwiesen hat und was uns persönlich hilft.

Weil es unendlich viele Wege zu Gott oder Göttin gibt und weil jeder ihn in sich selbst finden muß, dürfen wir unsere Kinder niemals zu „religiösen Handlungen" zwingen.

Wer ehrlich, aufrichtig und demütig ist, wird von selbst zum Beispiel werden.

Literatur

Aliki: Gefühle sind wie Farben, Weinheim und Basel 1987

Dies.: Sag's, tu's – aber freundlich, München 1993

Biddulph, Steve: Das Geheimnis glücklicher Kinder, München 1994

Ders.: Jungen, wie sie glücklich heranwachsen, München 1998

Faller, Kurt: Mediation in der pädagogischen Arbeit, Ein Handbuch für Kindergarten, Schule und Jugendarbeit, Mülheim an der Ruhr 1998

Gordon, Thomas: Die neue Familienkonferenz, Hamburg 1993

Juul, Jesper: Das kompetente Kind, Reinbek 1997

Kabat-Zinn, Myla und Jon: Mit Kindern wachsen, Die Praxis der Achtsamkeit in der Familie, Freiamt 1997

Kahl, Reinhard: Lob des Fehlers, vierteiliger Video-Film, erhältlich über Verlag für pädagogische Medien, Rothenbaumchaussee 11, 20148 Hamburg

Keyserlingk, Linde von: Geschichten für die Kinderseele, Freiburg 1997

Dies.: Da war es auf einmal so still, Freiburg 1997

Dies.: Neue Wurzeln für kleine Menschen, Freiburg 1998

Lichtenegger, Barbara, Gefühle, Arbeitsmaterialien für Schule, Hort und Jugendgruppen, Wien 1997

Liebich, Daniela: Mit Kindern richtig reden, Freiburg 1996

Pollack, William F.: Richtige Jungen, Was sie vermissen, was sie brauchen – Ein neues Bild von unseren Söhnen, Bern, München Wien 1998

Reichel, Auguste und Rene: Mit Angst, Lust und Aggression leben, Heilsame Gedanken und Methoden für Erziehung und Beratung, Münster 1997

Solter, Aletha J.: Wüten, toben, traurig sein, Starke Gefühle bei Kindern, München 1994

Dies.: Warum Babys weinen, Die Gefühle von Kleinkindern, 7. A. München 1996